EL HADJI DJILY MBAYE

La saga d'un sage milliardaire

Mansour GAYE

EL HADJI DJILY MBAYE

La saga d'un sage milliardaire

Les éditions
AFRIKANA

Dépôt légal – 3ᵉ trimestre 2018

Direction générale du patrimoine publié.
Bibliothèque et Archives Canada / Gouvernement du Canada
Bibliothèque et Archives nationales du Québec, 2018.

ISBN : 978-2-924928-01-1

REMERCIEMENTS

Je remercie tous ceux qui m'ont soutenu dans ce travail. Sans être exhaustif, je tiens à citer : Pape Mory Kanté, Khadim Ndiaye, Mame Ndiaga Sylla, Pape Ousmane Fall, Imam Lô, Assane Cissé, Sokhna Top, Moustapha Lo, Baye Dame Wade, Mame Doudou Kane, Mamadou Youndoum Thiaw, Dane Sall, Cheikh Abdou Mbacké Modou Moukhtar, Elimane Haby Kane, Mamadou Ly, Ousmane Ndiadé, Mamadou Mamour Diallo, Mame Khady Sall, Serigne Pape Alioune Sall, Sokhna Ndiaya Sall Abass, Papis Camara, Sada Kane, Seydi Djamil Niane.

Je remercie toutes les personnes que j'ai pu interviewer durant la préparation de ce livre.

Ma reconnaissance va aussi à ceux-là qui m'ont relu, qui ont corrigé le texte, le purgeant ainsi de ses incorrections grammaticales et autres maladresses. Mes remerciements vont particulièrement à Amadou Bamba Thiobane, Mamadou Mamour Diallo, Mouhamed Dieye, Moustapha Lo et Mbacké Sene Sylla.

Mention spéciale à Mame Cheikh Mbaye, fils aîné d'El Hadji Djily Mbaye. Tout au long du processus de maturation de cet ouvrage, il a fait montre d'une bienveillante et constante disponibilité. Il m'a non seulement éclairé sur certains faits marquants de l'histoire de son père, mais a mis à ma disposition de précieuses sources documentaires qui ont contribué à la fiabilisation de ce travail. Toute ma reconnaissance, Mara.

DÉDICACE

Je rends grâce à Allah et dédie ce livre à :

ma mère, Ramatoulaye Abass Sall, pour sa patience, sa dignité et son courage !
Tu es toujours présente quand on a besoin de toi. Qu'ar-Rahmaan récompense les efforts par toi consentis pour la famille !

Mes regrettés pères, Oustaz Cheikh Tidiane et Oustaz Djibril Gaye, pour leur sagesse et leur piété !
Le Sénégal a perdu en vous deux éminents savants arabophones et deux érudits musulmans. La postérité se consolera de votre perte avec vos publications on ne peut plus fructueuses.

Feu mon oncle, El Hadji Moustapha Abass Sall
Tu es comparable à ce puissant arbre verdoyant dont l'ombrage sert à tous. Tes nombreux actes de bienfaisance nous ont montrés la voie.

Mes défuntes tantes :
Binetou Abass Sall ;
Fatou Ka Abass Sall ;
Aïda Abass Sall ;
Ndoumbé Mbodji.

La mort m'a trop tôt privé de votre bienveillante affection. Que vos bonnes actions continuent de fleurir dans vos familles !

PRÉFACE

J'ai connu El Hadji Djily Mbaye au cours d'un CRD, que je devais organiser à Louga, dans le cadre de la politique de proximité, que j'avais décidé d'entreprendre, pour permettre aux élèves, aux personnels enseignants, administratifs et techniques, aux corps chargées de l'encadrement, aux citoyens sénégalais, d'établir avec le Ministère de l'Éducation Nationale, des contrats directs, francs et ouverts, à des fins de découverte mutuelle et de connaissance réciproque.

Selon moi, l'école était une communauté éducative dans laquelle tous les partenaires et les divers acteurs du champ scolaire devaient se connaître, pour vivre ensemble, dans la confiance et le respect mutuel.

El Hadji Djily Mbaye, informé de mon projet, m'avait fait contacter, pour me faire savoir qu'il m'invitait, en compagnie de toute ma délégation, dans son Palais et qu'il comptait assurer la prise en charge intégrale des frais de séjour de toute la délégation ministérielle, pendant le temps que notre présence à Louga allait durer.

C'était un geste symbolique, sans précédent, émanant d'un homme de bonté et de générosité ; un homme qui aimait faire le bien, sans aucune contrepartie, si ce n'est la satisfaction d'avoir rendu service à son prochain

J'acceptais son offre, en en informant le Gouverneur, à qui revenait la responsabilité de notre prise en charge pendant notre séjour lougatois.

El Hadji Djily Mbaye avait réservé à toute mon équipe, un accueil d'une chaleur exceptionnelle : villas cossues, repas plantureux, domesticité stylée, convivialité permanente, rien ne fut négligé pour nous prouver sa sympathie, son affection et ses encouragements.

La première nuit passée dans le château, il me fit venir le lendemain dans son bureau et sortit un carton bourré de billets de banques en grosses coupures, représentant une somme impressionnante de plusieurs millions de francs, qu'il voulait m'offrir, pour me témoigner sa sympathie.

Quelle ne fut pas sa surprise, lorsque je lui répondis que je ne pouvais pas accepter son offre et que j'étais obligé de la décliner, sans vouloir, le moins du monde, l'offenser ! En nous prenant en charge complète, moi et mon équipe toute entière, il avait déjà dépensé des sommes considérables. Je l'en remerciais du fond du cœur. Cela me suffisait pleinement.

Mais, il insista avec tant de chaleur, que je finis par lui dire, que devant me rendre au Daara de Coki, je lui proposais de prélever 5 billets de 10 000 F sur les millions que contenait le carton, que je me proposais de donner à Serigne Ahmadou Sakhir Lô, Grand Maître du Daara de Coki, en son nom et au mien, pour qu'il nous fasse des prières.

Il finit par accepter ma proposition. À peine avais-je quitté son Palais, qu'il appela le Président Abdou Diouf au téléphone, pour lui rendre compte du geste que je venais de poser et pour lui faire savoir que c'était la première fois qu'un membre de son Gouvernement avait répondu négativement à la proposition d'aide financière qu'il lui fit. Il lui conseilla de bien noter cet événement, car le geste que j'avais posé était la preuve d'un esprit de rigueur et d'honnêteté, qui méritait le respect.

Dans les mois qui suivirent, El Hadji Djily Mbaye m'a, non seulement offert, pour les écoles du Sénégal, près de 2000 table-bancs, commandées par ses soins, à la SISMAR, mais aussi, des voiture R 12, destinées à doter les Inspections de l'Enseignement, d'outils de travail indispensables à la réalisation de leur mission.

Quelque mois plus tard, je me rendis au Maroc et le hasard voulut qu'il s'y trouvât. Lorsqu'un de ses collaborateurs, qui résidait dans le même hôtel que moi le lui eût annoncé, il m'envoya chercher, pour me demander de quitter avec mes bagages, pour venir loger dans sa résidence personnelle.

Je déclinais, une nouvelle fois, cette offre si généreuse. Je craignais que ma présence inattendue à ses côtés, dans la résidence qui lui avait été attribuée, ne mette mal à l'aise certains qui auraient voulu lui rendre visite, dans l'espoir d'échanger avec lui, en toute confidentialité, sur des sujets du plus haut intérêt.

Si j'ai évoqué ces deux événements, c'est pour témoigner sur un homme de bien, d'une générosité sans pareille et d'une simplicité proverbiale.

El Hadji Djily Mbaye a été une chance pour le Sénégal. Simple, vertueux, discret, généreux, il a rendu à notre pays, des services inestimables. Il a réfectionné des mosquées, construit des établissements scolaires, modernisé des villes comme Louga, entretenu avec les Chefs religieux des rapports d'estime mutuelle, de solidarité agissante, de confiance et de paix et tissé avec, aussi bien le Gouvernement du Sénégal, que toute la classe politique, syndicale et citoyenne, des rapports fondés sur le goût de la vérité, de la justice et de l'intérêt supérieur de la nation. Il était l'ami des pauvres, des indigents, des orphelins, des déshérités ; le compagnon de tous ceux qui souffraient.

Il s'est toujours voulu un serviteur d'Allah (SWT), un imitateur du Prophète (PSL), un musulman-modèle et un mécène disponible et ouvert au service de tous les êtres humains et de toutes les causes justes.

Si, aujourd'hui, Louga étrenne, avec fierté, des infrastructures admirables, qui font sa renommée, il le doit à ce fils valeureux, digne et merveilleux, qu'était El Hadji Djily Mbaye, dont la vie a marqué l'Histoire du Ndiambour d'une pierre indélébile.

Un tel homme méritait d'être offert en exemple aux générations actuelles et futures.

Parti de rien, il a bâti, patiemment, sa fortune à force de travail et a mis les immenses moyens dont Dieu l'avait doté au service de ses frères et sœurs d'Afrique noire et de la Umma.

C'est en cela que Mansour Gaye a eu raison de retracer sa saga, afin qu'il puisse constituer un viatique puissant pour les générations actuelles et futures.

Professeur Iba Der THIAM

Ceux qui, de nuit et de jour, en secret et ouvertement, dépensent leurs biens [dans les bonnes œuvres], ont leur salaire auprès de leur Seigneur. Ils n'ont rien à craindre et ils ne seront point affligés.

Coran, sourate 2, verset 274

La plus haute finalité de la richesse n'est pas de faire de l'argent, mais de faire que l'argent améliore la vie.

Henry Ford

Si l'argent aide un homme à faire du bien à d'autres, il est de quelque valeur, sinon il n'est qu'amoncellement de mal et plus vite on s'en débarrasse, mieux cela vaut.

Swami Vivekananda

INTRODUCTION

Tous ceux qui connaissent le regretté El Hadji Djily Mbaye conviendront avec moi qu'il est incompréhensible que, plus de deux décennies après sa disparition, aucun ouvrage n'ait été consacré à cet homme multidimensionnel dont la vie et l'œuvre constituent un vaste champ d'investigation pour chercheurs et simples curieux du Sénégal et d'ailleurs. Âgé de seulement trois ans en 1991, année de la disparition du marabout milliardaire, je n'aurais pas dû trouver ce champ d'investigation en friches. Une pléthore d'ouvrages aurait dû être consacrée à l'homme, non pour le célébrer (ce serait blesser sa légendaire modestie), mais pour offrir sa vie en exemple à la postérité. Ainsi, arrivé trop tard, l'auteur de ce premier ouvrage à lui consacré, serait réduit à faire le même constat teinté de regrets que La Bruyère dans *Les Caractères* : « Tout est dit, et l'on vient trop tard… »

En effet, c'est, pour ainsi dire, depuis le berceau, que le nom de cet illustre fils du Ndiambour a commencé à tinter dans les oreilles des jeunes Lougatois de ma génération. Toute notre enfance et adolescence a été bercée par la saga de ce sage milliardaire. Dans la mémoire collective de ma génération comme dans son environnement immédiat, l'empreinte de cet élu du Destin était omniprésente, indélébile.

Je me rappelle encore nos promenades les mercredis et jeudis (jours de repos à l'école coranique). L'itinéraire était toujours le même : Santhiaba-Centre, le quartier le plus proche de son château communément appelé "Chantier", les HLM Bagdad, les falaises de la mythique grotte que les Lougatois appellent "Campement". Tout au long de cet itinéraire, c'étaient des réalisations de ce richissime homme qui s'offraient à nos regards émerveillés. Et nos petits esprits étaient curieux de savoir qui était vraiment ce héros qui se cachait derrière ce nom qui chantait à nos oreilles, ces réalisations qui émerveillaient nos yeux et cette « légende » qui enflammait nos imaginations.

Les années passèrent. Les témoignages continuèrent à nous parvenir, s'amplifiant. Nous apprîmes que la réputation de ce digne fils du Ndiambour dépassait, et de loin, les frontières de Louga et du Sénégal.

Plus les années passaient, plus notre soif d'en savoir un peu plus sur la vie et l'œuvre de ce digne fils du Ndiambour, du Sénégal et de l'Afrique, devenait grande. C'est cette soif inassouvie qui nous a conduits à prendre la périlleuse décision de consacrer cette monographie à ce Héros du XXᵉ siècle.

Le risque était à prendre, pour restaurer une page de notre histoire. Mais ce risque était gros, eu égard à l'admiration démesurée que j'ai pour l'homme, de verser dans le subjectivisme voire le fanatisme. En effet, trop de motivations d'ordre subjectif auraient pu me pousser à écrire sur Djily Mbaye.

D'abord, de solides liens de cœur et d'esprit ont toujours uni les familles religieuses de Mame Cheikh Mbaye, père de Djily, et de Serigne Abass Sall, mon grand-père. Ensuite, je lui suis forcément redevable eu égard à cet immense patrimoine matériel comme immatériel, par lui légué au Ndiambour que lui et moi avons en partage.

Mais la dimension de l'homme dépasse le carcan d'une famille ou d'une localité. Djily Mbaye appartient au Sénégal, à l'Afrique et au monde. Aussi avons-nous fait l'effort de débarrasser, dans la mesure du possible, cette étude de toute subjectivité, pour en faire un document fiable auquel pourra se référer, pour l'éternité, toute personne intéressée par l'histoire authentique de cet illustre fils du Ndiambour.

Nous avons réalisé, sur une période de cinq années et plus, une série d'entretiens avec des proches (membres de la familles, amis, employés) du milliardaire et recueilli de nombreux témoignages. Toutes les informations fournies ont été recoupées, vérifiées. Des ouvrages et articles de revues et de journaux ont été également consultés.

Aux jeunes comme aux moins jeunes en quête de repères, la vie de cet homme d'exception mérite d'être offerte en exemple. Comme le disait si bien l'éminent historien Iba Der Thiam, lors du mémorial organisé en 2006 à Dakar en souvenir du défunt marabout milliardaire : « Le parcours de Djily Mbaye doit être suivi pas à pas. Sa vie et son œuvre doivent être investies, explorées et imprimées en lettres d'or pour que son modèle de réussite fasse tache d'huile. »

C'est vrai ; la réussite de Djily Mbaye a de quoi étonner. Mais la grande leçon que le lecteur est invité à tirer de cette modeste biographie, c'est qu'il est possible d'être milliardaire sans perdre ni son humilité devant les hommes ni sa piété devant Dieu.

1. L'ASCENDANCE

Le père de El Hadji Djily Mbaye est plus connu sous le nom affectif de Mame Cheikh Mbaye, mais son vrai nom est Cheikh Ahmadou Sakhir Mbaye. Il est issu d'une famille où, par tradition, on est marabout. En effet, l'ancêtre de la famille serait un Mauritanien du nom d'Ibrahima Kouraïchite.

Dr. Serigne Sam Mbaye, membre de la famille, fait remonter ses origines jusqu'au premier calife orthodoxe de l'Islam, Abu Bakr. Mame Cheikh lui-même le confirme dans un de ses poèmes intitulé « Qâlû la anta sabiyun [1]». Dans ce poème écrit en arabe, le saint homme dit : « Nous sommes les descendants d'Abu Bakr, connus pour notre gloire basée sur le savoir et sur la haute fonction que nous avons toujours occupée. »

Selon certaines sources, c'est au 18e siècle que le Mauritanien Ababacar[2], arrière-petit-fils d'Ibrahima Khouraïchite, fonda, dans le Djolof, le village de Mbayène Thiasdé, à quelques encablures du village historique de Yang-Yang. Cette implantation marque l'installation définitive au Sénégal de la famille Mbaye.

Quant à Mame Cheikh Mbaye, il est né à Bokkoul (non loin de Coki). Dans sa quête effrénée de science islamique, il a eu à séjourner à Njarnde, aux côtés d'El Hadji Malick Sy, et à Mbacké Cadior où il a profité de l'enseignement du fondateur du mouridisme Cheikh Ahmadou Bamba.

---

[1] Littéralement : « Ils disaient que tu es un enfant. »
[2] Ababacar est le père d'Abdou Awa, lui-même père de Pathé Maram Daro.

Il a également séjourné à Yang-Yang (à l'époque capitale du grand Royaume du Djolof) dont il fut pendant un certain temps le Cadi. Sa connaissance avérée de la jurisprudence islamique et ses qualités humaines, dont l'intégrité n'est pas la moindre, lui permirent d'exercer cette délicate charge avec brio.

C'est plus tard que le saint homme viendra s'installer à Louga, qui était alors une petite ville coloniale. Déjà, à partir de 1883, avec l'édification, par les autorités coloniales, d'un fort militaire pour pacifier la contrée, de nombreuses populations, notamment musulmanes, sont venues s'y installer pour échapper aux persécutions des *Ceddo,* ces guerriers païens qui écumaient les environs. Devenu chef-lieu de cercle en 1887, ce qui n'était au départ qu'une bourgade, commence à jouer un rôle important dans la vie économique et sociale du Ndiambour, en raison notamment du chemin de fer et de l'installation du Marbath (foirail).

Toutefois, comme dans bien des villes coloniales de l'époque, Louga se réduisait à un centre-ville disposant de quelques infrastructures et à des quartiers périphériques qui, dans leur grande majorité, n'étaient même pas lotis. Les activités économiques essentielles y étaient l'agriculture, l'élevage et le commerce. La vie y était de ce fait encore fortement marquée par la ruralité, donc en rien incompatible avec le style de vie du soufi qu'était Mame Cheikh.

Et c'est à Louga que, comme il l'a toujours fait avant de prendre une épouse, le soufi se livra plusieurs fois au *listixaar* (consultation divine). Tous les signes que l'Omniscient lui montra l'orientaient vers Sokhna Khadidiatou Touré. C'est cette femme exemplaire à tous points de vue qui donnera naissance à Djily Mbaye. Pieuse et soumise à son mari qui se trouve être son cousin[3], Mame Khary, comme on l'appelle affectueusement, faisait manger tout un monde : fidèles, talibés, hôtes de son époux et simples passants.

---

[3] Le père de Khary Samba Touré (Samba Daro Touré) et la mère de Mame Cheikh Mbaye (Khadidiatou Touré) sont frère et sœur.

Cette noblesse de caractère n'est certainement pas sans rapport avec les origines princières de cette dame vertueuse. En effet, Mame Khary est de la même lignée maternelle que Lat Dior Ngoné Latyr Diop qui fut Damel du Cayor. Du côté paternel, elle est descendante de Madamel Fatma Dièye, érudit musulman installé au Waalo, mais originaire du Djolof (Voir annexe n°5).

C'est dans cet espace maraboutique, sous l'aile du père jouissant d'un prestige certain hérité d'une longue tradition familiale de prédicateurs islamiques, que Djily Mbaye et ses frères et sœurs passèrent leur enfance. Un environnement particulier où on cultive vertus et bonne conduite, mais aussi acceptation de l'autre. Ils vécurent sous la protection et l'autorité d'un père influent et dont la noble ascendance fait de sa progéniture de vrais patriciens. Cette double ascendance à la fois maraboutique et royale, très honorable aux yeux de la société sénégalaise, fait de Djily Mbaye un marabout, mais aussi un prince à juste titre. Aussi, pour chanter ses louanges, les griots ont-ils coutume de dire :

« Àddiya ak moyaal boo ci lekk mu rees[4] ».

Djily Mbaye est né à Louga, plus précisément dans le quartier de Santhiaba-Centre, le 27 octobre 1926[5], peu avant la disparition de Cheikh Ahmadou Bamba. Son homonyme n'est pas n'importe qui. Comme Cheikh Abdou Khadre Mbacké de Touba, il hérite son nom du fondateur de la mythique confrérie khadrya, en l'occurrence Cheikh Abdel Qâdr al-Jeylâni. S'il a eu ce grand soufi comme homonyme direct, c'est parce qu'il a un géniteur-chercheur qui connaît la valeur et la dimension spirituelle de ce saint irakien de Jilân.

Tous ceux qui l'ont connu enfant gardent dans leurs souvenirs l'image d'un jeune garçon charmant, poli et généreux. Cette période de jeunesse vécue dans la cour de son père se

---

[4] Expression wolof qui veut dire : « Tu as droit aux dons que les disciples font aux marabouts, mais aussi au butin de guerre. »

[5] Certaines sources que nous avons consultées avancent 1927 et 1928. Toutefois, c'est bien l'année 1926 qui figure sur le passeport de Djily Mbaye que son fils Mame Cheikh Mbaye a eu l'amabilité de nous montrer.

partageait entre des séances d'apprentissage du Coran auprès de son premier maître, Baye Mbaye Touré et des randonnées dans la forêt proche en compagnie de ses amis. Le fait est que, issu d'une famille maraboutique, Djily Mbaye devait être préparé pour perpétuer la tradition et devait, pour cela, bénéficier d'une solide formation. Il se devait d'avoir une bonne connaissance du Coran et de la jurisprudence islamique, entre autres. La quête du savoir le mènera à Coki, un célèbre village fondé par un érudit, non loin de Louga.

2. L'ÉCOLE DE COKI

Comme évoqué tantôt, l'initiation coranique, obligatoire pour tout jeune musulman, avait débuté, pour le jeune Djily Mbaye, dans la maison paternelle de Louga. En effet, il avait été confié jusqu'à l'âge de treize ans à un cousin et compagnon de son père, Baye Mbaye Touré. Celui-ci lui enseigna les premières sourates du Livre sacré. En 1939, le père de Baye Djily les envoie, son frère aîné Serigne Sam et lui, parfaire leurs études coraniques à Coki, village du Ndiambour fondé en 1752 par leur grand-père, le marabout Matar Ndoumbé Diop.

La nouvelle école qui devait accueillir les deux frères à Coki avait été ouverte un jour de Mawlid (anniversaire de la naissance du prophète Mohamed) de 1939 par un homme très versé dans la science coranique, Cheikh Ahmad Sakhir Lô en l'occurrence, sur injonction et bénédiction de Mame Cheikh Mbaye, son homonyme et guide spirituel.

Au moment d'ouvrir cet établissement, à 38 ans, Cheikh Ahmad Sakhir avait déjà assimilé le Coran et la majeure partie des livres de référence en jurisprudence islamique. C'était au plus fort de l'antipathie manifestée par les colons au projet de diffusion de connaissances islamiques par les "*Sëriñ fàkk taal*" (expression wolof désignant les maîtres coraniques qui enseignent, la nuit, à la lueur du feu de bois). C'est pourquoi les premières années de l'école seront difficiles. S'il a eu la chance de loger ses élèves dans une grande concession constituée de quelques cases, il ne disposait que de peu de matériel domestique.

Le nouveau maître démarre donc ses enseignements avec un nombre réduit de disciples. Il aura comme premiers élèves, en sus de Djily Mbaye et son frère aîné, Serigne Sam, les jeunes Ahmad et Mor Lô, tous deux fils de Cheikh Moubarack Lô, marabout à Louga, mais aussi un certain Ibrahima Guèye, neveu du maître, venu du village de Makka Bra Guèye. Plus tard, viendront des fils du commerçant Mbaye Kébé Fall qui était un disciple de Mame Cheikh. Ensuite, ceux de Serigne Mor Mbaye[6] les rejoignirent. Ils vont constituer la première promotion du *Daara*.

La formation de cette première promotion se fit dans des conditions particulièrement difficiles, vu que les disciples étaient obligés de prendre en charge la plus grande partie des tâches ménagères de la nouvelle demeure où ne vivaient que des hommes.

Au départ, Mame Cheikh Mbaye voulait envoyer uniquement son fils Baye Sam chez l'exégète de la nouvelle école. Cette décision du père était certainement motivée par une impression de maturité qui s'affichait chez Baye Sam, aîné de plus de trois ans de Djily. Célèbre aujourd'hui sous le nom de Serigne Sam Mbaye, cet homonyme de Mame Mor Diarra Mbacké atteignait alors ses dix-sept ans. Mais la complicité que le jeune Djily Mbaye avait avec son aîné le poussa à supplier son père de l'autoriser à accompagner son frangin dans cette école coranique. La proposition fut aussitôt acceptée par le père qui donna à ses deux enfants l'argent pour leur billet de train, puis les bénit.

Au cours de ce séjour à Coki déjà, certaines qualités du jeune Djily Mbaye se révéleront. Son camarade de promotion Ahmad Moubarack Lô se rappelle ce soir d'hivernage où lui, Djily Mbaye, et d'autres élèves d'Ahmadou Sakhir allèrent se baigner dans un marigot du village. Une forte pluie avait élevé le niveau de l'eau au point que certains parmi les baigneurs étaient en difficulté. Djily Mbaye, qui se séchait loin d'eux, intervint sans hésiter. Il replongea dans l'eau pour tenter de sauver ses amis à bout de force. Malheureusement, deux d'entre eux, Ibra Dièye et Cheikh Guèye,

---

[6] Serigne Mor Mbaye est le frère aîné de Djily Mbaye et est, par ailleurs, le premier calife de Mame Cheikh.

moururent noyés, mais le fils de Khary Samba Touré réussit à tirer d'affaire trois de ses condisciples.

Ce geste chevaleresque et d'autres du genre contribuèrent à forger au jeune Djily Mbaye, au bout de quelques mois à Coki, une solide réputation d'homme courageux et plein de sollicitude. Il commençait même à être plus influent que les plus âgés du *Daara* et avait fini par être un confident, un consolateur pour tout élève en désarroi. Sa générosité inégalable, en dépit de son jeune âge, avait fait de lui un leader.

D'autres personnes plus âgées que lui le sollicitaient. Par exemple, son maître, en plus de le former avec rigueur, lui confiait certaines missions délicates et lui demandait son avis sur certaines questions. Aussi son sens des affaires et de la négociation se manifesta-t-il très tôt et ne fera que se confirmer avec le temps.

La réputation de grand pédagogue du maître de l'École de Coki attirait de plus en plus d'hôtes venant de tous les coins du Sénégal et même de la sous-région. Si leur arrivée coïncidait avec le milieu de la saison sèche, période difficile où les greniers se vident, le maître coranique demandait toujours à son talibé Djily Mbaye, jamais à un autre, d'aller dans le village trouver de quoi nourrir les hôtes.

Toutefois, le fils de Mame Cheikh Mbaye rejetait toute solution de mendicité. Il préférait aller voir les fidèles talibés de son père installés dans cette contrée et dont la majorité était dans le commerce. Ceux-ci, voyant à travers lui son père, leur guide, le comblaient de cadeaux sans qu'il ait besoin de révéler les motifs de sa visite. Il rentrait satisfait avec tout ce qui pouvait rendre heureux le pédagogue et ses convives : biscuits, fruits secs, sucre, thé, lait... Avec l'argent reçu, il se procurait de la viande ou quelques poulets, ainsi que tous les condiments qui allaient avec pour un repas copieux. En retour, il recevait la bénédiction de son enseignant qui ne pouvait dissimuler sa satisfaction.

Ces activités extrascolaires n'altérèrent en rien son cursus. Selon toujours l'émérite Oustaz Ahmad Moubarack Lô, Djily

Mbaye réussira à mémoriser l'intégralité du Coran durant ce séjour de Coki. Après sa maîtrise du saint Coran, la logique familiale voudrait qu'il approfondît ses connaissances en jurisprudence islamique comme son frère qui avait préféré rester à Coki.

Lui, il quitta Coki pour Louga en 1941, accompagné par les prières du vénéré maître qui lui vouait une grande estime du fait des liens fraternels et spirituels qu'il entretenait avec son soufi de père, mais aussi pour les actions de son disciple au service de l'école. Il décida de s'investir dans le commerce, métier dans lequel il n'était pas un novice. Le colporteur doué qu'il était à ses débuts devint vite cet homme d'affaires avisé célèbre à travers le monde.

3. LE JEUNE COLPORTEUR

L'adolescence de Djily Mbaye, tout comme son enfance, se passa sans trop de soucis du fait de sa correction : on ne lui connaissait pas le moindre écart de conduite, pourtant compréhensible à cet âge. Et son choix précoce de faire coûte que coûte du commerce le distinguait davantage des jeunes de sa génération. En effet, à cette époque-là, le commerce était considéré comme une activité d'adulte.

Mais douter des capacités du jeune Djily Mbaye à réussir dans le commerce, c'était oublier que non seulement il vit le jour sur une terre très tôt attachée aux activités économiques, mais aussi qu'il avait déjà côtoyé de très près des commerçants, talibés de son père à Coki. Son intelligence et sa perspicacité allaient faire le reste.

À son retour à Louga, Djily Mbaye s'adonnait au commerce à l'insu de ses parents. Ainsi, il prenait souvent le train pour rallier Coki afin d'exercer son travail de colporteur sur l'axe Louga-Coki. Il achetait des poulets au village et venait les vendre dans sa propre ville. La vente de volaille était loin d'être nouvelle pour lui, puisque, élève à Coki déjà, il la pratiquait à ses heures perdues[7] dans le fief de Serigne Matar Ndoumbé Diop.

Malheureusement, la longue crise économique et sociale vécue par tout le Ndiambour entre les deux guerres affecta sensiblement les secteurs du commerce et de l'agriculture. Du fait de ces difficultés, le jeune colporteur verra ses activités impactées.

---

[7] Élève à Coki, le jeune Djily Mbaye prit goût à la vente en fréquentant des commerçants et profitait des jours de repos des internes, c'est-à-dire les jeudis et vendredis, pour acheminer des poulets au marché de Louga ou chez des particuliers qui lui commandaient sa marchandise.

Malgré tout, il arrivait à faire des économies qui lui permettaient de satisfaire certains besoins de sa mère. D'une générosité débordante, il utilisait ses maigres bénéfices pour offrir des cadeaux, le plus souvent des pagnes, des bagues, des produits cosmétiques, à ses sœurs et tantes, ainsi qu'aux amies de Mame Khary. Ses amis personnels aussi bénéficiaient de ses largesses.

Toutefois, il ignorait que la passion qu'il vivait n'était pas pour plaire à son père. Lorsque Mame Cheikh fut mis au courant de l'activité commerciale dans laquelle s'était engagé son fils, en véritable responsable de famille, il le convoqua afin de s'enquérir de ses motivations.

Ce jour-là, le jeune commerçant avait passé la journée au marché hebdomadaire du village de Moukh-Moukh, dans le Djolof. Il n'avait regagné la maison du père qu'après la prière du crépuscule. Alors qu'il commençait à discuter avec ses frères, Serigne Sam et Serigne Moussa, et son neveu Cheikh Oumy Mbaye[8], dans leur chambre commune, Mame Cheikh le fit appeler dans la cour de sa grande demeure pour lui faire part de son sentiment sur l'activité qu'il s'était choisie.

Sur un ton sérieux, il répondit à son père qu'il avait attrapé le virus du commerce depuis Coki en fréquentant ses talibés commerçants qui y étaient basés. Il ajouta que le commerce était, pour lui, un bon moyen pour aider la famille et les impécunieux[9]. Il ajouta pour manifester son dévouement à son interlocuteur : « Toutefois, à partir de ce jour, je suis prêt à renoncer à mon option, si je n'ai pas votre bénédiction. Mais, conclut-il, si demain le fils de Mame Cheikh se trouve réduit à faire les commissions du fils d'un autre, ce sera une humiliation pour toute notre famille. »

Mame Cheikh saisit tout le sens des propos de son fils. Aussi sa réplique fut-elle à la fois un accord, une bénédiction et une

---

[8] Cheikh est un fils du marabout Serigne Fallou Mbacké et d'Oumy Mbaye, fille de Mame Cheikh Mbaye.
[9] Abdou Salam Mbaye. Entretien du 19 décembre 2010 à Louga.

prophétie qui ne tarda guère à se réaliser : « Alors, mon fils, bientôt, grâce au commerce, Dieu te comblera à telle enseigne que tu ne te plaindras plus jamais.[10] »

Mame Cheikh n'en était pas à sa première prédiction. En effet, le marabout soufi aurait à maintes reprises évoqué l'érudition de son fils Serigne Sam Mbaye, alors que celui-ci n'était encore qu'un enfant[11]. De fait, Serigne Sam deviendra Docteur en soufisme et éminent conférencier dont le savoir et la maîtrise à la fois des textes islamiques, surtout du mouridisme, et de la civilisation occidentale, étaient extraordinaires.

De ce tête-à-tête qu'il eut avec son père, le jeune Djily sortira fier et confiant. N'ayant plus besoin de se cacher, il commença véritablement à faire du business son métier. Donc, après l'étape du *daara* et quelques mois à Louga, il aura une nouvelle expérience en négoce au Sine-Saloum dans l'actuelle région de Kaolack.

À Kaolack, capitale du bassin arachidier sénégalais, Djily Mbaye retrouva un de ses parents du nom d'Abdoulaye Touré, un grand traitant de produits agricoles, particulièrement l'arachide. Avec la tendance naissante des Lougatois à l'exode[12], il va retrouver d'autres parents dans le Sine-Saloum : à Fatick, son cousin Babacar Mbaye, fils d'un frère de Mame Cheikh, Mame Daouda Mbaye, qui gérait une maison de commerce et dont Djily Mbaye sera le réceptionnaire pendant quelque temps.

C'est surtout à Kaolack, auprès d'Abdoulaye Touré qu'il assistait dans son magasin et surtout dans ses transactions avec les clients et les établissements commerciaux, que Djily Mbaye commença à se faire une réputation. Tous ceux qui le fréquentaient étaient marqués par son sens de la négociation qui faisait qu'il

---

[10] *Ibid.*

[11] Lorsque son fils Serigne Sam apprenait à marcher, Mame Cheikh dira devant une assistance qui craignait de voir l'enfant tomber : « *Xale la waaye fóore la* » Ce qui signifie : « C'est un enfant, mais aussi un érudit. »

[12] Entre 1913 et 1950, avec le cycle de sécheresse qui a frappé la région du Ndiambour, on assistera à un rush migratoire des Lougatois vers le Baol et le Saloum.

finissait toujours par convaincre le client. Il représentait parfois son tuteur, jusque dans les points de collecte et de vente, afin de s'assurer de la bonne qualité des produits. Ainsi, l'univers des maisons de crédit et des mutuelles d'épargne, ainsi que les procédures qui y étaient en vigueur, commencèrent à être familiers à ce « villageois » qui n'a pourtant jamais fréquenté l'école française.

C'est à partir de cette période qu'il commença à gérer son propre business. Ses talents innés de négociant ne feront que se développer davantage et son petit commerce prospérer assez rapidement.

Cependant, à Louga, cette option du fils de Cheikh Ahmadou Kabîr représentait une sérieuse gêne dans le cercle des membres et sympathisants de la famille. Au fait, ces proches de la famille Mbaye de Santhiaba-Centre vivaient mal le fait que le fils de leur guide exerçât le commerce. Selon eux, à l'instar de tout descendant de savant, Djily Mbaye devrait s'investir plutôt dans la quête du savoir comme son frère, Serigne Sam. Celui-ci, après avoir quitté Coki, s'en était allé à Saint-Louis et dans d'autres localités du Sénégal afin d'approfondir ses connaissances. De fait, ces proches de la famille ne connaissaient pas les aptitudes mystiques et ésotériques de l'homonyme du grand soufi de Bagdad et perdaient de vue que le jeune négociant avait l'aval et la bénédiction d'un père qui avait prédit avec assurance la réussite de son fils.

Mame Cheikh Mbaye décède en 1946. Son fils, Serigne Mor, élevé dans la cour de Cheikh Ahmadou Bamba, accède au califat de la famille Mbaye alors que son cadet poursuit ses activités commerciales qui le maintiennent souvent loin de Louga. En effet, Djily Mbaye n'a jamais voulu se fixer en ouvrant son propre magasin. Il avait plutôt opté pour le colportage de biens divers à l'intérieur du Sénégal en véritable acteur du « secteur informel ».

Il revenait quand même assez souvent à Louga où il côtoyait ses amis d'enfance dont certains géraient leur propre commerce dans la ville. Aussi fréquentait-il la boutique de son grand ami

Serigne Niomré Lô, dans le centre-ville lougatois, à l'actuelle avenue Fayçal Ben Abdel Aziz, près de la boutique du commerçant libanais Birahim "Naar". Là, il retrouvait aussi d'autres amis comme Mbargou (Diakhaté) Lô, Pinto Lô, etc. Parfois, Djily Mbaye exposait dans la boutique de son ami quelques-unes de ses marchandises avant d'aller vendre le reste dans d'autres zones du pays, le plus souvent à bord d'une vieille camionnette.

Ainsi, très tôt, il s'était doté d'énormes qualités de « mercaticien ». Il devint un vendeur accompli, averti et proactif. La preuve : il ne se spécialisa jamais dans la vente d'un quelconque article ou produit. Il préférait suivre la loi de l'offre et de la demande. En somme, Djily Mbaye était ce que, dans le langage professionnel moderne, on appellerait un « marketeur » efficace du fait de la stratégie du marketing différencié qu'il privilégiait dans son commerce en vue d'optimiser ses profits.

Cependant, ses activités ne marchaient pas encore comme il le souhaitait. C'est ainsi qu'il s'engagea dans la vente de mangues et, plus tard, du cola, quand ces produits se faisaient rares dans certaines localités du pays. Le célèbre Aladji Gaye de Thiadiaye, un vieux commerçant, était alors un des principaux fournisseurs de cola dans le pays. Djily Mbaye ne se contenta pas longtemps d'être détaillant de cola. Très ambitieux, il commença à en commander dans les pays de la sous-région, devenant ainsi vendeur en gros et demi-gros.

Il avait aussi testé d'autres marchandises d'importation. C'est ainsi qu'il se lança dans le négoce d'outillages automobiles avec les pneumatiques et les chambres à air et dans la vente de grains locaux. Ainsi, à la fin de chaque moisson, il commandait des produits agricoles pour ravitailler les agglomérations citadines. Dans le même temps, il ravitaillait les zones rurales un peu isolées en certains produits de première nécessité. C'est pourquoi le commerçant fréquentait certains marchés hebdomadaires, communément appelés *luuma*, comme ceux de Dahra, Linguère, etc.

Bien que ses gains ne fussent pas fameux du fait de la forte concurrence des commerces occidentaux, ce jeune vendeur ambitieux ne céda pas au découragement. Ses pérégrinations, à la recherche de profits licites, conformément à la jurisprudence islamique, avaient fait découvrir à Djily Mbaye, après Louga et Kaolack, d'autres villes sénégalaises comme Touba, Mbacké, Diourbel et Dakar où le commerce fleurissait. Dans toutes ces localités, le marabout-marchand-aventurier tissa de fructueuses relations avec des personnes influentes.

Déjà, l'aura de son père en particulier et la prestigieuse condition dont jouit sa famille au Sénégal en général lui permettaient de se faire facilement des amis et pas n'importe lesquels. Par exemple, il fréquentait, à Kaolack, à Diourbel, Mbacké et Touba, des hommes influents et des Mbacké-Mbacké « réseautés ». Notons, à titre illustratif, ses liens d'amitié très poussés avec Serigne Abdoul Ahad Mbacké, fils de Serigne Touba, qu'il côtoyait à Kaolack, et le fils aîné du premier calife de Cheikh Ahmadou Bamba, Serigne Cheikh Ahmadou Mbacké, plus connu sous le surnom de Gaïndé Fatma[13], l'un des premiers petits-fils du fondateur de Touba. En raison de ces accointances, Djily Mbaye jouissait d'une grande considération au sein de la sphère mouride et au-delà.

Sa grande notoriété lui avait permis de tisser un vaste réseau de relations qui finira par dépasser les frontières du pays, embrassant la sous-région et le reste du monde. Sur son carnet d'adresses figureront bientôt d'importantes personnalités du monde : hommes d'affaires, élites politiques ou religieuses, chefs d'État.

---

[13] L'amitié entre Djily Mbaye et Serigne Cheikh Ahmadou Mbacké Gaïndé Fatma remonte à une période très ancienne. On nous confie que Serigne Cheikh passait la nuit du Mawlid à Louga chez Djily Mbaye à une époque où nul n'imaginait que le marabout de Louga connaîtrait la richesse matérielle qu'on lui connaîtra plus tard. La cérémonie se tenait dans une bâtisse en bois implantée sur le site où est construit aujourd'hui l'immeuble du bienfaiteur appelé "Villa Bado".

Avec le déclin sans précédent de la production arachidière intervenu au Sénégal au tout début des années 50 (prémices de la sècheresse épouvantable des années 70), Djily Mbaye, sentant certainement le pire venir, décida de tenter le commerce transfrontalier. Et, Serigne Cheikh Mbacké, homme d'affaires et personnalité influente de l'époque, aida son ami à découvrir d'autres contrées en le mettant en rapport avec ses importants alliés étrangers.

C'est ainsi que Djily Mbaye, en compagnie de son ami lougatois El Hadji Mass Samb (récemment décédé) et d'autres Sénégalais, se rendit d'abord en Guinée Conakry. Ils achetaient des tissus et des articles divers en terre guinéenne pour revenir les revendre au Sénégal. Le wax africain étant parfois très demandé, le groupuscule d'amis investit la capitale sierra-léonaise, Freetown, pour s'en procurer, de meilleure qualité et à bon prix. Tout semblait bien parti quand, quelques mois plus tard, Djily Mbaye, à la surprise générale, laissa tomber le commerce.

Le commerce ne lui donnant pas encore tout ce qu'il en attendait, il entreprit d'user de « connexions divines » pour se « dépanner ». Une période de ferveur mystique commença pour lui. En effet, il décida de consacrer tout son temps à la prière et à l'imploration de son seigneur. À Conakry, de 1957 à 1960, il observa une retraite mystique consacrée à l'invocation de noms de Dieu et à la lecture du Coran. Pendant ces trois années, nombre de ses proches ignoraient où se trouvait le fils de Khary Samba Touré.

Djily Mbaye était certes loin de sa mère, mais il pensait constamment à cette dernière et faisait tout son possible pour pourvoir à ses besoins comme il l'a toujours fait. Déjà, un an avant sa retraite, il réussit à remplir un camion de bananes douces de Guinée. Il tira de la vente de ce chargement la somme de 30.000 francs CFA. Tout cet argent, il l'envoya directement à sa mère, à Louga, n'en retirant que les 2.000 francs requis pour les frais d'envoi. Cet épisode de la vie de Djily Mbaye, il le racontera plus tard à son ami Moustapha Niasse, ancien Premier ministre du

Sénégal, qui me l'a révélé à son tour dans un courriel daté du 14 juillet 2011.

Ainsi Mame Khary savait bien ce que faisait son fils loin d'elle. En dehors d'elle, l'une des rares personnes à avoir la bonne information était Serigne Abdoul Ahad Mbacké. Lorsque Djily Mbaye était à Kaolack déjà, il avait bénéficié des conseils avisés de ce dernier. Ce futur calife général des mourides était pour lui un mentor. D'ailleurs, même pendant sa retraite en Guinée, il a reçu, par deux fois, la visite de ce dernier. L'accueil et le traitement que Djily Mbaye lui réserva chaque fois furent tels qu'il le gratifia d'autres prières puisées du fond d'un cœur comblé.

Ce fut un tout autre Djily Mbaye qui sortit de ces trois années au cours desquelles il lut l'intégralité du Coran à 1500 reprises et récita des noms de Dieu des millions de fois, armé de son chapelet de 1000 perles (très rare à cette époque-là). Revigoré mystiquement, il était plus confiant pour affronter son avenir comme en attestent ces mots qu'il aurait prononcés au sortir de sa retraite : « *Sama ñàkk jeex na*[14] ! » (J'ai dit adieu à la pauvreté pour toujours !).

---

[14] Kader Gaye. Entretien du 10 juillet 2011 à Dakar.

4. L'OPÉRATEUR ÉCONOMIQUE

Au moment de la proclamation de l'indépendance du Sénégal, le commerçant Djily Mbaye rentrait fraîchement de la Guinée-Conakry. Après avoir mis son commerce en berne pendant plus de trois ans pour cause de retraite spirituelle, il le reprit dans un contexte marqué par d'importants changements économiques intervenus dans son pays. L'une des plus importantes de ces mutations est la fermeture des maisons de commerce occidentales qui avaient le monopole du marché de consommation au Sénégal. L'autre concerne la détermination d'un nouvel État en construction (avec Senghor et Mamadou Dia aux manettes) à instaurer un nouveau programme de réformes favorable aux commerçants indigènes[15]. Ainsi, un secteur informel dynamique naquit à cette période. Dès lors, Djily Mbaye s'activa dans l'importation. Cette fois-ci, les « montres suisses » composaient l'essentiel des articles qu'il plaçait à Dakar et à Abidjan.

Sous l'aile protectrice de son idole, Serigne Cheikh Mbacké, Djily Mbaye commence à voir ses affaires prospérer. Il sera au cœur de la mise en place des premières associations de commerçants du Sénégal indépendant, qui s'engagèrent à faire valoir leur statut de

---

[15] De 1930 à 1960, on assiste, au Sénégal, à une mainmise totale des maisons commerciales étrangères soutenues par l'autorité coloniale sur les échanges, ce qui marginalisait les Libano-Syriens et les Maures. Dès sa création, l'État postcolonial dirigé par Léopold Sédar Senghor s'engage à briser les fondements de l'économie de traite et à réorganiser le monde paysan.

créateurs de richesses et à instaurer un dispositif commercial propice aux acteurs locaux.

C'est ainsi que, dès 1962, ils mirent sur pied, Serigne Cheikh, un autre commerçant nommé Alioune Camara et lui, le Consortium africain de développement et d'études[16]. Le montage de cette société d'import-export, qui démarra avec un capital de 10 millions de francs CFA, était un moyen de créer un partenariat entre commerçants sénégalais dans le but de contrer le protectionnisme des commerces français qui, bien qu'affaiblis par les nouvelles mesures prises au lendemain de l'indépendance, essayaient de tuer dans l'œuf l'entrepreneuriat autochtone. Dans cette bataille, Djily Mbaye et compagnie pouvaient compter sur le soutien du penseur nationaliste Cheikh Anta Diop, vite devenu à la fois leur guide moral et leur bailleur de fonds[17].

Cette société, bien qu'ayant eu du mal à fonctionner correctement à ses débuts, contribua à la bonne marche des activités de Djily Mbaye en lui permettant d'exporter du sel, du poisson séché et fumé vers le Mali, et d'importer du cola depuis la Sierra Leone.

Visant toujours plus haut, en 1967, pour dynamiser son commerce, Djily Mbaye fera partie des membres fondateurs d'un important groupement d'importation créé en collaboration avec de grands commerçants dont les principaux étaient El Hadji Serigne Sall, Mamadou Dioume, Alla Sène, Abdou Dieng et celui qui en était le président, Alioune Camara. À ces importateurs, vinrent se joindre des coopératives paysannes de tout le Sénégal et des sociétés comme la Chaîne africaine d'importation et de distribution au Sénégal, dirigée par le commerçant Amadou Dème. Ce fameux groupement dénommé Union des commerçants sénégalais (UCS)[18] était un cadre d'échanges qui s'activait, en faveur de ses membres, dans la centralisation des besoins des commerçants, la

---

[16] Laurence Marfaing, Mariam Sow, *Les opérateurs économiques au Sénégal : entre le formel et l'informel, 1930-1996*, Paris, Karthala, 1999, p. 106.
[17] *Ibid.*
[18] *Ibid.*

consultation des fournisseurs éventuels et l'enregistrement des commandes.

La mise en place de ce mastodonte des échanges offrit des opportunités majeures à ses adhérents comme Djily Mbaye. Non seulement cette structure leur permit d'avoir accès au crédit auprès de banques, comme la Banque nationale de développement du Sénégal (BNDS), mais aussi de gagner la confiance de partenaires locaux et étrangers.

Le Consortium, quant à lui, se massifiera davantage et donnera naissance, quelques années plus tard, à la Société africaine d'exploitation de la chaux (Afec). En effet, Djily Mbaye et ses amis exploitèrent un important gisement de calcaire coquillé de bonne qualité, situé entre Rufisque, Pout et Mbour. Des personnalités d'envergure telles que l'ancien ministre de l'Intérieur et du Commerce, Abdoulaye Fofana, seront parmi les investisseurs. Ce dernier était d'ailleurs le président du conseil d'administration de la nouvelle société.

Parallèlement, Djily Mbaye continua de mener des activités personnelles. Ses activités allaient le mener, à la fin des années 60, dans les régions africaines les plus reculées et les plus redoutées pour cause de conflits. Ainsi, après l'aventure guinéenne, il se retrouva au Tchad, puis en Côte-d'Ivoire où il passera plus de temps eu égard aux énormes potentialités économiques de ce pays.

En effet, au Sénégal, en raison de la sécheresse, en Guinée, en raison de l'attitude de la France après les événements de 1958, on assistait à un ralentissement voire une régression économique. Quant au Tchad, dépourvu de façade maritime, il était peu propice aux activités d'import-export. La Côte-d'Ivoire, en revanche, avec le grand port maritime d'Abidjan et les nombreuses ressources agricoles provenant notamment des plantations d'Aboisso et des deux Sassandra (Haut et Bas) était un pays particulièrement propice à l'activité d'import-export. De plus, ce pays à revenu intermédiaire à l'époque a opté, dès son indépendance, pour une économie libérale, ouverte à l'aide et aux investissements étrangers.

En plus d'avoir eu la chance de tomber sur la dernière phase du « miracle ivoirien », période pendant laquelle la Côte-d'Ivoire connut une croissance économique exceptionnelle[19], Djily Mbaye eut le privilège de connaître le chef suprême du pays, en l'occurrence Félix Houphouët-Boigny.

Sous le tutorat de l'homme fort du pays, il se lança dans le commerce du binôme café-cacao qui représentait 74% des exportations ivoiriennes en 1972[20]. Avec ces deux produits, Djily Mbaye ira à l'assaut du marché des pays arabes. L'exploration de ce créneau, encore peu connu des Sénégalais, marqua une étape cruciale dans le parcours de Djily Mbaye.

Son carnet d'adresses gagna en épaisseur et ses affaires commencèrent à prospérer. Réaliste, pragmatique, déterminé à créer, mieux que la richesse, un empire, Djily Mbaye monta sa propre entreprise.

Le nouveau chef d'entreprise :

Après plus de trente années d'efforts, de sacrifices, Djily Mbaye voit enfin se réaliser la prédiction de son père. « Alors, mon fils, bientôt, grâce au commerce, Dieu te comblera à telle enseigne que tu ne te plaindras plus jamais », lui avait bien dit son père, un jour.

Djily Mbaye a su faire fructifier les ressources qu'il avait accumulées grâce à son commerce, en se lançant dans les « grosses

[19] De 1960 à la fin des années 70, la Côte-d'Ivoire a connu un essor économique exceptionnel grâce à la production et à l'exportation de café et de cacao dont elle devient le premier producteur mondial. Cela engendre l'édification d'un réseau d'infrastructures très développé dans le pays qui devint la « locomotive » de l'Afrique de l'Ouest, attirant de nombreux travailleurs originaires des pays voisins. Toutefois, au milieu des années 1980, une forte chute des prix du café et du cacao due à une surproduction mit fin au « miracle ivoirien ». Mais cela ne va pas empêcher Djily Mbaye de continuer son business.
[20] Centre de développement OCDE, Programme "Emerging Africa", Étude Côte-d'Ivoire, juin 99, p. 9.

affaires ». C'est ainsi qu'il créa, en 1974, la Société anonyme immobilière (SAIM)[21], une entreprise spécialisée dans la gestion et la promotion immobilières. Le gérant en était Monsieur Lamine Lô, ancien questeur à l'Assemblée nationale. Plus tard, en 1982, un jeune Sénégalais de 26 ans, Ibrahima Sall[22], formé en économie à l'Université de Bordeaux I, puis en gestion à l'Institut d'Administration des Entreprises de Bordeaux, prit les rênes de l'entreprise qui se transforma en Société anonyme (SA).

Le nouveau directeur va changer les instances de la SAIM qui se mue en une importante boîte qui allie la vente immobilière à la location avec laquelle elle avait débuté. C'est également sous le magistère de Monsieur Sall que l'entreprise est devenue un groupe qui, en dehors de son activité première, décida d'intervenir dans le montage et la réalisation de plusieurs autres projets dans d'autres secteurs, et qui sont d'une rentabilité immédiate évidente. Ainsi, Djily Mbaye, qui venait de souffler ses 56 bougies, devint le président-directeur général d'une grande entreprise qui va faire de lui un grand homme d'affaires.

Les obstacles n'ont pas manqué, le parcours a été long et difficile, mais, armé d'une patience, d'une foi et d'une honnêteté à toute épreuve, cet enfant qui vouait un amour-passion à sa mère dont il est le fils unique, cet enfant qui avait la bénédiction du père n'a jamais douté un seul instant de sa bonne étoile. De fait, l'ascension sociale de cet enfant béni, jusqu'à la fin de sa vie, a été spectaculaire.

Un des indicateurs de la fulgurance de cette ascension est à chercher dans l'évolution de son parc automobile. Son premier véhicule était une *Peugeot 404*, la seconde une *Fiat 124*, la troisième

---

[21] Ibrahima Sall. Entretien du 26 juillet 2011 à Dakar.
[22] Président du Mouvement pour la démocratie et les libertés (Model), Ibrahima Sall, est devenu ministre de l'Éducation nationale dans le gouvernement du Premier ministre Abdoul Mbaye, nommé par le président Macky Sall à son arrivée au pouvoir, le 25 mars 2012. Ibrahima Sall est par ailleurs fils d'un grand commerçant, vieil ami et beau-frère de Djily Mbaye.

une *Ford Taunus*. Suivra une *Mercedes* qui fera place plus tard à des voitures de luxe de marques : *Chevrolet, Rolls Royce, Lincoln…* Le paroxysme de cette évolution correspondra à l'acquisition d'une *Mercedes* blindée hors-série[23], du même modèle que celle que Sa Majesté le roi Fahd, Serviteur des Deux Saintes Mosquées utilisait pour ses déplacements.

Goût du luxe et de la parade ? Souci de son confort personnel ? Rien de tout cela. Il faut plutôt voir à travers ces changements de véhicules une manière de rendre grâce à Dieu. L'achat de son jet privé, non plus, n'a pas été dicté par l'ostentation, mais par la volonté d'éviter de nuire à autrui.

Tout est parti d'un petit incident : un jour de 1984, il a accusé un léger retard alors qu'il devait partir en France à bord d'un vol de la défunte compagnie aérienne Air Afrique. Les responsables du vol, tenant compte de la stature de l'homme, décidèrent de décaler l'heure d'embarquement. Il se sentit responsable de la perturbation qui portait préjudice aux autres passagers. Aussi, sur-le-champ, eut-il l'idée de se procurer un avion pour pouvoir effectuer, à n'importe quel moment, ses nombreux déplacements, sans nuire aux autres.

C'est ainsi qu'il acheta le Grumman American II ou encore Gulfstream II[24]. L'avion commandé chez le constructeur privé américain "Gulfstream Aerospace Corporation" à Savannah, en Géorgie, était un aéronef moyen standing de 12 places dont tout l'équipement était frappé des initiales du propriétaire (DM). Il engagea deux stewards et autant d'aviateurs (le Français Dupuis, qui continuera, après 1991, son service au Tchad, et le Sénégalais Moustapha Nam).

---

[23] C'est le prince saoudien Sultan Al Saoud, frère du roi Fahd, qui avait offert à Djily Mbaye une de ses Mercedes spéciales qui étaient uniquement réservées à la famille royale de l'Arabie Saoudite.
[24] Gulfstream représente la même marque que Grumman. En effet, c'est en 1957 que la marque Gulfstream fut créée par la firme Grumman pour le marché civil car les avions fabriqués par la société étaient jusqu'alors destinés au marché militaire.

5. L'HOMME D'AFFAIRES

Djily Mbaye, sans avoir jamais fréquenté une école de commerce, a vite compris qu'en investissant, non seulement il fait du profit, mais il contribue aussi, à travers la production de biens et services, à l'élargissement de l'éventail de choix de consommation des ménages et entreprises. Dès lors, il ne cessa, en véritable homme d'affaires, d'opérer de fructueux investissements bénéfiques pour une importante frange de la population.

Ainsi, il a participé au montage ou à l'essor de nombre de nouvelles sociétés au Sénégal en entrant dans leur capital. Par ce moyen, Djily Mbaye ne visait pas seulement à faire un gain personnel, mais il voulait aussi permettre à des milliers de travailleurs de gagner honnêtement leur vie. Il participait ainsi à la réduction du chômage dans un pays qui verra son taux de chômage aller crescendo au milieu des années quatre-vingt, à cause des impitoyables programmes d'ajustement structurel imposés par les institutions de Bretton Woods à l'État du Sénégal sous Abdou Diouf.

L'année 1980 sera marquée d'une pierre blanche dans les investissements réalisés par Djily Mbaye. C'est en effet, en cette année-là, qu'il acheta un grand immeuble sis à l'avenue Hassan II (ex-Albert Sarraut), à la Place de l'Indépendance de Dakar, en plein centre-ville. Il s'agit de "l'Immeuble des Allumettes". Appelé aussi "Building des Allumettes". Ce bâtiment de onze étages fut construit en 1952 par la Société Chaufour-Dumez pour le compte de la Société industrielle et forestière des allumettes (Sifa), promotrice de la fameuse Compagnie africaine forestière et des allumettes (Cafal) alors dirigée par Jacques Lacombe. Cet entrepreneur français avait réussi, grâce à un financement de la Banque d'Indochine, à implanter la Cafal et cet énorme actif immobilier au Sénégal.

Mais, à la fin des années 70, le groupe de Lacombe, qui comptait des filiales dans de nombreux pays africains, commença à enregistrer des pertes qui, plus tard, culmineront à 27,6 millions de francs français[25]. Cette situation poussa la Sifa à mettre en vente son joyau immobilier niché au cœur de Dakar.

Les postulants étaient nombreux, mais la Sifa, pressée par le besoin, voulait vendre cash. Cette condition, seul le locataire du premier étage de l'immeuble pouvait la remplir. Ce locataire, c'était… Djily Mbaye. Convaincu par son ami Mbaye Diakhaté, il réalisa ainsi son vieux rêve en achetant l'immeuble au montant de 400 millions de francs CFA.

Pourtant, au début des années 1970, lorsqu'il quittait ses locaux de la rue Robert Brun de Dakar pour le "Building des Allumettes", plusieurs de ses proches avaient tenté de l'en dissuader au motif qu'il lui serait difficile de supporter des charges locatives de 80.000 francs mensuels.

Mais Djily Mbaye, croyant à sa bonne étoile, renvoya ses amis, dont Kader Gaye, au Coran, sourate 63, versets 7 et 8. Ces extraits du Livre saint disposent que Dieu accorde Ses trésors des cieux et de la terre à qui Il veut, quand Il veut. Djily Mbaye ajouta, à l'endroit de son ami Kader : « Aujourd'hui, je suis locataire dans cet immeuble, mais mon ambition est d'en être, un jour, par la grâce de Dieu, le propriétaire. »

Dieu l'entendit et, quatre années seulement après avoir acquis le building, le groupe Djily Mbaye créa une nouvelle branche avec la construction d'autres immeubles à Dakar. Ainsi, en 1983, sachant que la Place de l'Indépendance est très prisée aussi bien par les particuliers, que par les structures et organisations en quête d'un emplacement stratégique, il entreprend son premier chantier de Dakar : un édifice comprenant un sous-sol à deux

[25] Jean Suret-Canale, *Afrique et capitaux*, tome 1, Paris, L'Harmattan, 1993, p. 149.

niveaux, un entresol, un rez-de-chaussée et dix-sept étages. C'est le grand immeuble Abdallah Fayçal. Construit par l'Entreprise générale du Cap Vert de travaux publics et particuliers (EGCAP SA), dirigée par Ido Ricchetti (1924–2009), architecte français d'origine italienne, cet immeuble qui se situe à la rue El Hadji Amadou Assane Ndoye X Huart coûtera trois milliards à la société de l'homme d'affaires.

Avec l'achat du building de la Cafal dans lequel est logée la SAIM Indépendance et la construction de ce nouveau bâtiment, Djily Mbaye avait là une base pour propulser convenablement ses transactions immobilières. Il devint du coup l'un des plus grands promoteurs immobiliers que le Sénégal ait jamais connus.

À partir de ce moment, son puissant groupe s'attela à acheter des terrains nus, souvent accidentés, qu'il viabilisait pour y aménager des parcelles ou des logements destinés à la vente. Ainsi, plusieurs cités résidentielles et immeubles grand standing portant l'empreinte du célèbre promoteur seront érigés au Sénégal, entre 1979 et 1987, pour répondre à une demande accrue de logements.

Le premier de ces projets immobiliers a été la Cité Djily Mbaye de Yoff qui date de 1979. Cette cité s'étend sur une superficie de 24 hectares pour 505 parcelles. L'ensemble des travaux d'aménagement du site aura coûté 680 millions de francs CFA (achat du terrain inclus) à la SAIM. Celle-ci vendra aussitôt le 1/3 du terrain à la BCEAO-Siège pour un montant de 724 millions. Ce domaine abritera des villas destinées au logement des cadres de la banque des banques ouest-africaines. Ce site deviendra vite un quartier huppé, avec un grand centre aéré en bordure de plage.

Pour sanctionner la participation remarquable de Djily Mbaye à l'allégement des difficultés liées au foncier et à l'immobilier qui prévalaient dans la capitale sénégalaise, Monsieur Mamadou Diop, alors maire de Dakar, donna officiellement à la cité le nom du grand promoteur immobilier.

Deux années plus tard, en 1981, une autre cité, la cité Fayçal, surgit de terre. Réalisée par EGCAP, cette cité se trouve au croisement Cambérène, non loin de la nouvelle autoroute à péage de Dakar. Elle est composée de cinquante-trois logements grand standing dont les superficies varient entre 700 et 900 mètres carrés. Si les études ont commencé en 1977, la cité ne sera construite qu'en 1981 et aura coûté un milliard de nos francs. Elle finira par être vendue à l'État du Sénégal.

À ces deux grands projets immobiliers, il faut ajouter l'érection, dans le quartier du Plateau, à Dakar, d'un immeuble de huit étages sis à l'avenue El Hadji Amadou Assane Ndoye et un autre de sept niveaux à la rue Carnot. Enfin, à Louga, sa ville natale, Djily Mbaye a construit une cité de cent logements (voir chapitre 6).

De l'immobilier, le magnat de la SAIM glisse allègrement vers les finances en intégrant le capital de banques prospères comme la Banque de l'habitat du Sénégal (BHS). Créée en 1979 par l'État du Sénégal, la BHS est spécialisée dans le financement de logements dans tout le pays. L'actionnariat était dominé par les banques commerciales, des compagnies d'assurances et immobilières, mais Djily Mbaye réussit à être détenteur de 4,54 % des actions. Son choix a payé pour qui connaît son souci constant d'être un homme d'affaires au service du développement de son pays et du bien-être de ses concitoyens, car la BHS, en trois décennies, a logé 40.000 familles pour un investissement de près de 200 milliards de francs CFA.

En 1981, Djily Mbaye participe à la constitution du capital de départ de la Banque islamique du Sénégal (BIS). Dénommée Masraf Fayçal Al Islami à ses débuts, la BIS a été constituée le 22 février 1983 sur la base d'un protocole signé le 14 octobre 1981 entre le président Abdou Diouf et le fils de Son Altesse le roi Fayçal, le prince Mohamed Fayçal Al Saoud, alors président du groupe bancaire Dar Al Mal Al Islami (DMI).

Tout est parti de l'idée du prince Fayçal de créer une banque islamique privée pour satisfaire les besoins en services financiers des populations musulmanes qui ne pouvaient accéder aux services de la Banque islamique de développement (BID), plus proche des États que des particuliers. Ainsi, en collaboration avec un groupe de chefs d'État africains dont les plus en vue étaient Omar Bongo du Gabon, Ahmed Sékou Touré de la Guinée, Seyni Kountché du Niger et Shehu Shagari du Nigeria, il mit en place la société Trust DMI dont l'objectif principal était d'implanter un réseau de banques spécialisées en finance islamique en Afrique.

Djily Mbaye, étant très proche du promoteur saoudien, réussit, avant même que le projet fût lancé dans certains pays arabes comme l'Arabie Saoudite, et au Maghreb, à implanter la première banque islamique au Sénégal. Au titre d'un apport en nature, il affecta à la banque son siège actuel de l'immeuble Fayçal. Il en était l'actionnaire individuel le plus important avec environ 25% des actions. Assane Diop, le frère de son épouse, Ndèye Katy Diop, fut le directeur général de la BIS. L'homme d'affaires lougatois venait de faire de son pays le pionnier de la Banque islamique en Afrique subsaharienne et l'un des précurseurs de la finance islamique de par le monde[26].

Djily Mbaye dut toutefois céder plus tard ses actions à la suite d'une recapitalisation imposée par les difficultés de l'institution bancaire pendant plus d'une décennie. En effet, en 1989, en pleine période d'ajustement structurel marquée par des coupes budgétaires draconiennes, des fermetures d'entreprises publiques en cascade et un environnement des affaires des plus moroses, la BIS s'installa dans une crise profonde qui lui fera perdre ses clients et, provisoirement, son agrément.

C'est le début d'une période épouvantable qui ne prendra fin qu'avec la nomination de Babacar Ndoye, d'abord comme directeur général adjoint en 2004 puis comme directeur général en 2009. Celui-ci, aidé par une équipe dynamique de cadres dont son adjoint Oumar Mbodj, va impulser un processus de redressement de la banque devenue entretemps propriété de la BID.

---

[26] « Portrait : Babacar Ndoye, Une icône de la banque islamique », Magazine *Réussir* n°83, décembre 2013.

La thérapie choisie par le DG et son groupe a été, selon la formule du magazine *Réussir*, un « électrochoc » salutaire. En effet, le processus de recapitalisation de la banque a donné des résultats qui ont dépassé toutes les attentes. À titre illustratif, là où la BCEAO demandait 5 milliards, la nouvelle équipe fit passer les chiffres de 2,7 milliards à 10 milliards en 2009. La BIS se positionne aujourd'hui parmi les banques les plus performantes du pays. Cette performance lui a permis de sextupler son réseau d'agences, de quadrupler ses fonds propres et de tripler son chiffre d'affaires[27].

En 1980, la SAIM investit un autre créneau redouté par les privés du fait des investissements trop lourds qu'il requiert : l'industrie pétrolière. Cette année-là, débute sa collaboration avec la Société nationale de droit français Elf Aquitaine (SNEA), dont Djily Mbaye devint actionnaire avec une prise de participation de 15 % pour une somme qui dépasse le milliard de francs CFA.

Présent au Sénégal depuis 1950, le groupe Elf, devenu SNEA en 1976 puis TotalFinaElf depuis 2000, est une société française d'extraction pétrolière qui entama des prospections pétrolières à l'intérieur du pays en cette année 1980, juste après l'obtention, le 9 janvier de l'année précédente, d'un permis d'exploration d'une superficie de 73.000 km², comprenant les deux périmètres prometteurs de Diourbel (53.225 km² pour une recherche on-shore) et de Ziguinchor (19.775 km² pour une double recherche off et on-shore). N'ayant trouvé aucune trace de pétrole, la SNEA finit par renoncer à son permis en 1984 en cédant la place à une entreprise concurrente, Petro Canada.

Djily Mbaye ne baissa pas les bras pour autant. En 1984, sa société, la SAIM, participe, avec d'autres partenaires tels que l'ancien Premier ministre socialiste Habib Thiam et des associés danois et finlandais, à la création d'une nouvelle société agroalimentaire, la Société de conserves agricoles (Soca) dont des Sénégalais détenaient les 70 %. Le montage de cette société a

---

[27] « Portrait : Babacar Ndoye, une icône de la banque islamique », Magazine *Réussir* n°83, décembre 2013.

nécessité trois ans et les travaux neuf mois. Les activités ont démarré au tout début de 1988. Pour la première fois, une unité industrielle laitière révolutionnaire venait d'être installée au Sénégal. Dotée d'un équipement ultramoderne, la Soca avait une cinquantaine d'employés à ses débuts et était réputée pour la qualité de ses produits et le respect strict des règles d'hygiène.

Le lait, pasteurisé, homogénéisé et mis en boîtes par l'unité industrielle, était produit par trois cents Jersiaises acheminées du Danemark et élevées dans une grande ferme d'élevage intensif aménagée sur cinq hectares, dans la savane des grands baobabs des Niayes, à une cinquantaine de kilomètres au nord de Dakar. Parallèlement à la production laitière, la Soca, qui avait le banquier Mabousso Thiam, fils d'Habib Thiam, comme directeur général, fabriquait des jus à base de fruits locaux.

Dans cette affaire, ce groupe de promoteurs sénégalais n'était pas mû que par la rentabilité. Ce projet était aussi la manifestation d'une forme de nationalisme de la part de Djily Mbaye et ses partenaires. Le journaliste Abdallah Faye de l'agence de presse internationale Syfia, dans un article daté du 1er septembre 1989, rapporte les explications des promoteurs de la Soca : « Le Sénégal importe près de 10 milliards de francs CFA de produits laitiers qui pèsent lourd sur la balance commerciale. (…) Il est (…) possible de produire du lait sur place, et moins cher, en grignotant la part de marché des importateurs. » Ils avaient parfaitement assimilé la théorie macroéconomique selon laquelle, en commerce international, l'importation fait perdre des devises au pays importateur.

À partir de 1983, commence une autre aventure. Djily Mbaye investit le secteur du gaz en partenariat avec Tullow Oil, société britannique de droit irlandais dirigée par Aidan Heaveyn. Leur partenariat portait sur le financement à court terme d'un projet d'exploitation d'un gisement de gaz se trouvant à Diamniadio.

Finalement, ce projet, qui séduisit vite l'État du Sénégal, sera exploité par les trois sociétés que sont Tullow (38 %), SAIM (10 %) et la Société des pétroles du Sénégal (Petrosen), créée en 1981 par l'État (52 %). La société britannique monta ses machines et Djily Mbaye, représenté par son groupe, injecta un milliard de nos francs dans l'affaire.

Les recherches mirent au jour du gaz et du fuel, pour une production estimée à 8,8 millions de mètres cubes. De gros clients comme la Société nationale d'électricité (Senelec), qui s'en servait pour l'alimentation de ses turbines à gaz, firent des commandes régulières et, en 1987, Tullow se fait référencer pour la première fois à la bourse de Londres. Ainsi, au bout de trois ans, la SAIM réalise un bénéfice de 4 milliards de francs CFA.

Malheureusement, le groupe de Djily Mbaye sera retiré arbitrairement du projet par des « mains invisibles ». Djily Mbaye peut toutefois se réjouir d'avoir contribué à l'essor d'un groupe qui, après le Sénégal, s'installera dans beaucoup d'autres pays d'Afrique.

Tullow ne sera pas le seul projet d'avant-garde de Djily Mbaye. En effet, en 1990, Ibrahima Sall, ce négociateur confirmé, en sa qualité de directeur de la SAIM, proposa à son patron qui adhéra aussitôt au projet d'investir un autre secteur : la presse. En effet, les discussions qu'il avait entreprises à Paris avec le journaliste français Hervé Bourges puis avec Serge Adda, respectivement président et directeur de la société de télévision cryptée Canal+ Horizons SA, ont conduit à l'implantation d'un « club » Canal+ Horizons au Sénégal. À ce moment-là, la chaîne était sur le point de démarrer un projet similaire au Cameroun. Le projet a été abandonné au profit du Sénégal grâce au pragmatisme de la SAIM, plus en vue au plan international.

C'est ainsi que, sur recommandation de Djily Mbaye, Hervé Bourges informa le président Abdou Diouf du projet. Convaincu de l'avenir prometteur de cette chaîne, ce dernier lui donna son aval et recommanda à son conseiller spécial, Fara Ndiaye, de piloter le projet au nom de l'État, avec la participation de Moustapha Niasse et d'Habib Thiam. L'établissement officiel de Canal+ pouvait donc débuter.

Le souhait de Djily Mbaye était que l'instigateur, SAIM, prît plus que la moitié des actions. Le groupe fut finalement obligé de se contenter de 10 % des actions. Et le 11 juillet 1990, la société Canal Horizons Sénégal est officiellement constituée avec l'exploitation d'une chaîne de télévision à péage comme principal objectif. Fara Ndiaye en devint le directeur.

Le 21 décembre 1991, la filiale sénégalaise de Canal Plus Horizons émet ses premières images à Dakar. Les populations de la capitale sénégalaise accueillirent, euphoriques, l'enrichissement du paysage audiovisuel avec ce bouquet de chaînes. Le Sénégal peut dès lors s'enorgueillir d'avoir été le premier pays africain à bénéficier de ce saut dans le futur.

La même année, Djily Mbaye quittait ce bas monde après avoir contribué, grâce aux images d'Afrique diffusées à flux continu sur Canal, à rendre son continent visible sur les satellites.

Dans la programmation de Canal Horizons, le sport, notamment le football, européen comme africain, occupait une place de choix. Le cinéma africain et arabe n'était pas en reste. De nombreuses coproductions (documentaires et longs métrages) sont à mettre à l'actif de la chaîne qui, entretemps, avait étendu ses tentacules sur d'autres territoires africains tels que la Tunisie et la Côte-d'Ivoire.

Le puissant groupe de Djily Mbaye, également tentaculaire, détenait des parts dans le capital de plusieurs autres grandes sociétés déjà implantées au Sénégal. C'est le cas de la CBAO (aujourd'hui Attijari Bank), de la SDV, branche Transport du groupe Bolloré Africa Logistics, de la Prévoyance Assurance, de la Société électrique et industrielle du Baol (SEIB) qui approvisionnait la Senelec en énergie électrique, de la Société commerciale des ports de l'Afrique occidentale (Socopao), filiale de la Société commerciale d'affrètements de combustibles (Scac) qui s'active dans le transit portuaire et la commercialisation de ferments industriels et des biofertilisants, de la Société sénégalaise de marbres (Sosemar), de la Société sénégalaise de recherche de pétroles (Soserep).

Ailleurs en Afrique, plus précisément en Côte-d'Ivoire, l'entrepreneur de la SAIM réussit à intégrer le prestigieux Conseil d'Administration de l'un des plus beaux fleurons industriels du continent : la SIFCA.

Pour assurer une réussite incontestable à la majorité de ces entreprises, Djily Mbaye s'est certes servi de son entregent, mais aussi de l'intelligence que lui reconnaissaient tous ses amis commerçants. Il peut se réjouir d'avoir été à l'origine de la création du premier groupe privé du Sénégal respecté à travers le monde. Aujourd'hui, la perpétuation de cet illustre acquis de l'entreprise familiale est à la charge de deux de ses fils.

D'aucuns le considèrent, à tort ou à raison, comme le plus riche Sénégalais de tous les temps, devant son collègue et ami Ndiouga Kébé[28]. Quoi qu'il en soit, il reste incontestable qu'aucun Sénégalais, dans ce pays, n'a, à ce jour, investi dans le social autant que Djily Mbaye, viscéralement attaché qu'il était à son pays et à sa ville natale, Louga.

---

[28] Djily Mbaye et Ndiouga Kébé n'étaient pas seulement liés par la communauté mouride. Ils partagent aussi leur origine ndiambour-ndiambour. En témoignage de leur amitié, c'est Djily Mbaye qui avait baptisé en Sierra Léone, Bassirou Kébé, le fils aîné de Ndiouga.

6. LE CITOYEN BÂTISSEUR

Le grand homme d'affaires sénégalais, Djily Mbaye, c'est connu, était doublé d'un grand bâtisseur et d'un philanthrope. Son empreinte est encore visible dans bien des localités du Sénégal, en particulier à Louga. S'il n'a pas fondé Louga comme Cinyras Paphos, ses réalisations ont incontestablement changé la physionomie de cette ville à laquelle l'homme d'affaires était viscéralement attaché.

En effet, malgré son agenda très chargé et ses déplacements fréquents, il s'arrangeait toujours pour passer la plus grande partie du mois béni de Ramadan à Louga, ainsi que la semaine qui précédait le Mawlid. Une autre preuve de son attachement à sa ville natale est que, dans son testament, il recommande à ses enfants de non seulement considérer Louga dans toutes leurs démarches entrepreneuriales, mais aussi de s'y rendre régulièrement malgré les contraintes que les affaires ne manqueraient pas de leur imposer. Il avait coutume de dire que si la Kaaba se pouvait acheter, il l'acquerrait pour Louga même s'il devait y laisser toute sa fortune. Nombre de ses proches nous ont confié que le marabout leur faisait souvent part de son vœu le plus cher, faire de Louga, après Dakar, la plus belle ville du Sénégal. Pour preuve, dès qu'il est devenu riche, il ne s'est pas lassé d'œuvrer pour sa modernisation et son embellissement.

Avant les différentes réalisations du mécène de Louga, la capitale du Ndiambour disposait de peu d'infrastructures. Aussi les services administratifs étaient-ils logés dans des bâtiments vétustes hérités des colons. El Hadji Djily Mbaye a donc permis à la ville d'être en phase avec son nouveau statut de capitale régionale étrenné officiellement le 26 juin 1976.

Même la création de la région de Louga a été diligentée grâce à Djily Mbaye. Quand il a exprimé devant le président Senghor son vœu de voir Louga devenir une région, Senghor a tout de suite accepté en lui disant : « Abdou Diouf a tellement de scrupules qu'il ne veut pas me le dire, mais, maintenant, c'est décidé, on va détacher Louga de Diourbel [29]».

Cette bataille gagnée, le milliardaire en engagea une autre, celle de la modernisation de la ville. Aujourd'hui, des édifices par lui réalisés sont visibles partout dans la ville.

Pour la petite histoire, la plupart de ces projets ont pris forme avec le « Programme indépendance 82 ». En effet, le 4 avril 1982, la capitale du Ndiambour a eu l'honneur d'abriter la cérémonie officielle des festivités de la fête nationale. Dans le cadre du programme de décentralisation de la commémoration de l'accession du Sénégal à la souveraineté internationale, le gouvernement socialiste avait initié un système de rotation dans l'organisation de cette manifestation, alternativement entre Dakar et les autres capitales régionales du Sénégal. L'objectif alors visé était de profiter de ce système pour moderniser les villes d'accueil, par la construction d'infrastructures.

Pour que Louga pût organiser cette grande fête, Djily Mbaye a exercé sur le président Abdou Diouf une pression décisive[30]. Le mécène faisait constamment part à Diouf de son vœu d'accompagner, par ses moyens financiers, le gouvernement, dans le processus de modernisation et d'agrandissement de cette ville qui les a vus naître tous les deux, par le biais de ce programme dont les retombées économiques s'avéraient importantes pour la région[31].

---

[29] Doudou Fall. Entretien du 12 février 2012 à Dakar.
[30] Khatary Fall. Entretien du 1er décembre 2010 à Louga.
[31] Des élus locaux lougatois comme Daby Diagne et Mansour Bouna Ndiaye avaient déjà mûri ce programme depuis 1976. Mansour Bouna Ndiaye y revient largement dans son ouvrage *Le prince qui croyait à la démocratie*.

Aussi Louga doit-elle à Djily Mbaye ses plus importantes infrastructures régionales de base : l'hôpital, le lycée, les logements sociaux de Bagdad, le stade Alboury Ndiaye, la gendarmerie, la Gouvernance, le boulevard jouxtant cette institution administrative et théâtre du défilé du 4 avril 1982... À ces « joyaux », il faut ajouter deux unités industrielles, la Sotexka et la SPIA, installées pour lutter contre le marasme économique dans cette zone en manque d'entreprises manufacturières.

D'autres réalisations[32], à l'initiative de l'État, ont aussi enregistré sa contribution financière. C'est le cas de la gare routière, des locaux du service de l'actuelle Caisse de sécurité sociale, de nombreuses routes bitumées...

Il ne serait peut-être pas superflu d'évoquer le contexte dans lequel certaines des plus importantes réalisations de Djily Mbaye implantées dans la capitale du Ndiambour et ailleurs virent le jour.

Le centre hospitalier régional Amadou Sakhir Mbaye de Louga (1982)

En 1980, pour les préparatifs du « Programme indépendance 82 » à Louga, le gouverneur d'alors, Ibrahima Koné, avait organisé un Conseil régional de développement (CRD). Abdou Diouf, à l'époque Premier ministre, y avait pris part. Il s'était agi, entre autres questions, des infrastructures de base dont la région avait besoin et qui pouvaient être construites par l'État, avec un éventuel appui de Djily Mbaye. Dans la liste, figurait même un hôtel, mais aucune structure de santé. Djily Mbaye convainquit les autorités de remplacer l'hôtel par un hôpital, en promettant d'en assurer le financement complet[33]. « Une infrastructure sanitaire est plus urgente que n'importe quel autre édifice pour une nouvelle région comme la nôtre », avait-il avancé. Le marabout voyait juste,

---

[32] Grâce à ce programme, d'autres réalisations importantes ont été assurées par le régime socialiste à Louga. Parmi celles-ci, on compte le bureau de Poste principal, les HLM Ndiambour, etc.
[33] Baba Fall. Entretien du 13 décembre 2010 à Louga.

car, à l'époque, seul un centre de santé (l'actuel centre régional médical) prenait en charge les populations.

Le terrain qui abrite le centre hospitalier de Louga était la propriété d'un paysan du nom d'Amadou Mané Cissé[34]. La superficie du terrain, anciennement appelé "*Gent u Coxna*", de forme irrégulière, est difficile à calculer, mais dépasse vraisemblablement les 20.000 mètres carrés[35]. L'hôpital de niveau 2 qui y a été construit dispose encore d'espace pour une éventuelle extension.

Les travaux, évalués à 700 millions de francs CFA[36], ont été dirigés par l'entrepreneur El Hadji Mamadou Sylla, sous la surveillance de la Société nouvelle des études de développement en Afrique (Soned). À la fin des travaux qui ont duré deux ans, le donateur équipa en matériel neuf tous les services de l'établissement. Par cet acte, le riche Lougatois montrait son attachement à sa ville, mais surtout à un secteur vital à ses yeux : la santé des populations sénégalaises en général.

C'est ainsi que, quelques années plus tard, il offrait à l'hôpital Abass Ndao de Dakar un centre de dialyse, au grand bonheur des personnels de la structure et des malades.

Le lycée Malick Sall de Louga (1982)

La construction du lycée Malick Sall coûtera 400 millions à Djily Mbaye. Les locaux bâtis par la Compagnie sahélienne d'entreprise (CSE) seront opérationnels au début de l'année scolaire 1982-1983.

Initialement, l'ambition du mécène était de construire une école franco-arabe dans le but de favoriser le retour à Louga de son frère aîné Serigne Sam Mbaye, basé à Dakar où il enseignait. Djily

---

[34] Il est le fils de Ndiouga Fadiagne Cissé, un frère du notable et chef de Province Samba Khary Cissé.
[35] Théo Sène. Entretien du 20 janvier 2011 à Louga.
[36] *Ibid.*

Mbaye voulait ainsi faire bénéficier les populations lougatoises de l'immense savoir de son frère.

Seulement, à la fin du chantier, l'option initiale du richissime donateur sera abandonnée du fait de requêtes émanant de parents d'élèves. Ceux-ci ont prié Djily Mbaye de faire de l'édifice non un établissement franco-arabe, mais un lycée d'enseignement général en français géré par l'État. El Hadji Djily Mbaye répondit favorablement à la demande en se réservant le droit de proposer le nom à donner à ce nouveau temple du savoir. Il choisit celui de Serigne Malick Sall, un marabout lougatois de la confrérie tidiane qui était un grand ami de son père, Mame Cheikh Mbaye[37].

Serigne Sam Mbaye, qui jusque-là servait comme professeur à l'Université de Dakar, sera le premier proviseur de ce lycée qui allait mettre fin au calvaire des élèves de la ville qui, à la fin du cycle moyen, se voyaient obligés de poursuivre leurs études secondaires à Thiès ou à Saint-Louis. Pendant plus de vingt-cinq ans, ce lycée était le seul établissement d'enseignement secondaire de la nouvelle région.

Le lycée Mame Cheikh Mbaye de Tambacounda (1983)

L'érection de ce lycée fait suite à une requête de Monsieur Habib Thiam, ancien Premier ministre sous Diouf et ami personnel du milliardaire. Le joyau qui porte le nom du père du donateur a coûté 600 millions de francs CFA et répondait à un réel besoin des populations de Tambacounda et des localités environnantes. En effet, fonctionnel depuis la rentrée d'octobre 1983, l'établissement, d'une capacité d'accueil de près de 400 élèves, et comprenant des logements pour le personnel administratif, a accueilli, à ses débuts, des élèves de la région de Kolda et même de la Gambie.

---

[37] On raconte que Mame Cheikh Mbaye entretenait de solides relations avec Serigne Malick Sall. Il lui rendait souvent visite après la prière du matin.

Mais l'action d'El Hadji Djily Mbaye au profit du système éducatif sénégalais ne s'est pas limitée à sa ville natale et à Tambacounda. En 1985, son entreprise offrit au ministère de l'Éducation nationale une dizaine de voitures. Dans un article paru dans le quotidien *Le Soleil* du 20 mars 1985, le journaliste Pape Sedikh Mbodje, rendant compte de la cérémonie de remises de ces véhicules, rapporte : « Dans l'allocution qu'il a prononcée à cette occasion, M. Iba Der Thiam a indiqué que cette cérémonie lui offre l'occasion de placer ce geste d'El Hadji Djily Mbaye dans le cadre des actions nombreuses, concrètes et multiformes par lesquelles il traduit, depuis plusieurs années, son engagement sans faille dans le développement économique et social de notre pays aux côtés du président Abdou Diouf. Au secteur particulier de l'enseignement, dira-t-il, notre compatriote a apporté une contribution appréciable tant sur le plan des infrastructures que de l'équipement. » Dans le même article, on peut lire ces propos que le journaliste attribue toujours au ministre : « … Au cours de l'année scolaire 1983-1984, un don de deux mille tables-bancs a été fait par El Hadji Djily Mbaye, au moment où le département était confronté à un important déficit dans l'équipement de nos classes à l'élémentaire.»

Ce qui ajoutait surtout à la noblesse des gestes d'El Hadji Djily Mbaye, c'est que, souvent, il n'attendait pas d'être sollicité par l'Administration ou les populations pour réagir. Il anticipait les besoins dès qu'il les flairait. Aussi, surprenait-il souvent agréablement les bénéficiaires de ses actions ainsi que l'État, comme le confirment les propos de Monsieur Iba Der Thiam alors ministre de l'Éducation nationale, relayés par le journaliste.

Au lycée Malick Sall, les élèves l'avaient tellement bien compris que, quand ils voulaient faire perdurer une grève qui n'avait d'autre motif que le désir de se reposer, ils ne voulaient surtout pas le mettre au fait de leurs prétendues doléances, conscients de la disponibilité et de la promptitude du mécène à apporter des solutions à leurs problèmes. L'Université Cheikh Anta

Diop a également bénéficié des largesses de l'homme d'affaires, notamment à travers un don de bus destinés au transport des étudiants.

L'État sénégalais, reconnaissant à ce bienfaiteur de l'École sénégalaise, a placé une stèle dans l'enceinte du ministère de l'Éducation nationale. On y lit l'inscription suivante : « *En hommage à nos bienfaiteurs, M. Djily Mbaye et M. Youssou Ndour* ».

La Gouvernance de Louga

Toujours à Louga, à moins de 700 mètres du lycée Malick Sall, il a bâti la plus importante institution administrative régionale, la Gouvernance. Inaugurée en grande pompe, en même temps que l'hôpital régional, le 3 avril 1982, par le président Abdou Diouf, la Gouvernance de Louga couvre une superficie de 2 hectares. C'est une promesse qu'El Hadji Djily avait faite au président Senghor, quand la décision de faire de Louga une région[38] a été prise.

Le milliardaire avait remarqué la vétusté des locaux de la Préfecture de Louga qui en fait était une vieille bâtisse coloniale. Il trouvait le bâtiment indigne d'abriter, dans le futur, une Gouvernance dans un pays indépendant. C'est ainsi qu'il mit plus de vingt millions sur la table, pour l'édification d'un nouveau bâtiment R+2 en faveur de l'administration régionale. L'État du Sénégal avait aussi soutenu financièrement le projet.

Les Habitations à loyer modéré (HLM) du quartier de Bagdad

Juste derrière les murs de la Gouvernance, se trouve un quartier moderne avec de belles maisons à l'architecture bretonne : les HLM Bagdad.

Nous sommes en 1984. Louga, grâce à son fils prodigue, Djily Mbaye, avait fini d'épouser une allure de ville moderne. Mais une chose importante lui manquait : des logements adaptés et

---

[38] Source : Gouvernance de Louga.

destinés aux fonctionnaires de l'administration affectés dans la nouvelle région.

Le PDG de la SAIM, sans tarder, inventa la solution : construire une nouvelle cité dans la capitale régionale avec des logements modernes dignes du nouveau statut de la ville. Le projet, d'un coût global d'un milliard de nos francs, est confié à l'entrepreneur El Hadji Mamadou Sylla. La cité est riche de deux cents logements[39] moyen et grand standings. Les maisons ont été attribuées en location-vente pour une durée de dix ans.

Pour mieux gérer les transactions immobilières de cette nouvelle cité, la société promotrice, la SAIM, fera construire un siège annexe dans le même quartier, en face du château de son PDG. Ainsi, la ville venait d'étrenner son plus beau quartier nommé Bagdad, en référence à la ville de l'homonyme du promoteur.

Érigée dans une zone résidentielle, cette cité séduit par son architecture, son assainissement, ses larges routes goudronnées, sa verdure, ses lampadaires… Aujourd'hui, Bagdad abrite aussi nombre d'ONG et d'entreprises privées.

La Société de produits industriels agricoles (SPIA)

Créée en 1980, à Louga, la SPIA est une société industrielle spécialisée dans la fabrication de produits phytosanitaires. Fruit d'une collaboration entre Djily Mbaye et ses amis, Amadou Ka, Serigne Sall et Yaya Kane, la société française d'agrochimie Calliope SAS (devenue maintenant Arysta Life Science), la Sonacos (devenue Suneor), la Compagnie sucrière sénégalaise (CSS), le groupe français Gerico, cette industrie est née dans un contexte de lutte contre les invasions acridiennes qui ravageaient les cultures et faisaient planer la menace de la famine sur le monde rural.

---

[39] Ces deux cents logements incluent quelques parcelles vendues plus tard à des particuliers.

En proposant au groupe d'implanter l'usine à Louga, Djily Mbaye voulait surtout offrir aux jeunes de sa ville et de sa région des opportunités d'emplois directs et indirects.

En 1981, conformément au souhait de Djily Mbaye, l'usine de la SPIA sera installée à l'entrée de la ville, sur la route nationale n°2, alors que Bagdad loge le service administratif et financier de cette industrie dont le siège social est à Dakar.

Mais l'installation de l'usine dans la périphérie de Louga ne s'est pas faite sans difficultés. Les populations environnantes, particulièrement celles du village de Ndaam, ont très tôt exprimé leur désaccord, s'inquiétant des dégâts que les produits chimiques pourraient causer à leur environnement.

Conscient des enjeux socioéconomiques liés à l'implantation de cette unité industrielle dans la jeune région, Djily Mbaye opta pour le dialogue et la concertation. Il rassura ainsi les populations de Ndaam quant au ferme engagement pris par la SPIA de veiller à l'équilibre environnemental et à la préservation de leur santé. L'entrevue avec Serigne Dame Marième Guèye, un des notables, permit au village de comprendre les objectifs et la démarche de la SPIA. À l'arrivée, l'usine a offert aux fils de Louga et du reste du Sénégal plus de 2000 emplois.

Aujourd'hui, la SPIA est le leader de l'agrochimie en Afrique de l'Ouest. L'usine fabrique des produits pour tous les secteurs de l'agriculture sénégalaise : de la riziculture au maraîchage, en passant par la culture du coton et l'horticulture, sans oublier l'arboriculture. Elle a un circuit national de distribution riche de plus de quarante magasins. La SPIA peut aussi se réjouir de l'exportation de ses produits qui sont très demandés dans la sous-région. En 2003, sa démarche qualité a été sanctionnée par la prestigieuse certification ISO 9001 (version 2000).

La Société textile de Kaolack (Sotexka)

En octobre 1978, la Banque mondiale annonce, dans ses notes d'informations et de statistiques, l'ouverture d'une usine textile sénégalaise, la Société textile de Kaolack, Sotexka en acronyme. Elle intervient dans la confection d'articles en coton destinés à l'exportation.

Les travaux vont démarrer à partir de janvier 1981 grâce à un prêt d'un milliard de francs CFA de l'Organisation des pays exportateurs de pétrole (Opep), mais également à la participation de la Banque africaine de développement et de la Chase Manhattan Bank. L'État du Sénégal est majoritaire dans le capital de la *nouvelle* industrie. Le reste des actions est partagé entre des sociétés comme la Banque islamique de développement et quelques investisseurs privés comme le groupe de Ndiouga Kébé, propriétaire à 2,31%, et celui de *Djily Mbaye* (13,5%).

Grâce à ces deux derniers, tous originaires du Ndiambour, si l'unité de tricotage de la Sotexka était basée à Kaolack, l'unité de confection, elle, sera plutôt installée à Louga. En effet, c'est sur proposition de Babacar Bâ, fils de Kaolack et ancien ministre des Finances sous Senghor, que les hommes d'affaires, Djily Mbaye et Ndiouga Kébé, décidèrent d'acheter des actions de la société textile. Toutefois, ils avaient conditionné leur entrée dans l'actionnariat de la nouvelle industrie à l'implantation, dans leur Ndiambour natal, d'une succursale de la Sotexka qui puisse employer, comme la SPIA, les populations lougatoises. À peine installée, l'usine textile de Louga participe considérablement à la réduction du chômage, avec plus de 200 emplois directs créés.

Malheureusement, au bout de deux ans de fonctionnement, *suite à une série de* problèmes techniques et à une mauvaise gestion, la boîte finit par fermer ses portes. En 1997, son destin est confié à la Nouvelle société textile du Sénégal (NSTS), en location-gérance.

Les infrastructures socioculturelles

A côté des réalisations précitées, Djily Mbaye a financé des infrastructures socioculturelles pour le compte de Louga. La plupart d'entre elles sont entretenues par sa famille, mais restent à la disposition des populations pour des programmes et autres manifestations de grande envergure. Parmi ces infrastructures nous citerons :

- Le château de Bagdad qui a vocation d'accueillir des hôtes de marque ;
- *Kër Mohamed,* destiné à abriter des manifestations religieuses ;
- Le monument *Baabu Salaam* ;
- Le grand Institut islamique des HLM Ndiambour.

Ce que ce richissime homme d'affaires lougatois a fait pour sa ville, sa région et son pays, n'est certes pas donné à tout le monde, mais si chaque Sénégalais, s'inspirant de son exemple, faisait ce qu'il peut pour sa localité, ce pays figurerait depuis belle lurette parmi les pays dits émergents.

C'est peut-être là le sens qu'il faut donner à ces propos de l'homme politique et homme d'affaires feu Bamba Sourang[40] : « Feu El Hadji Djily Mbaye était un exemple, un modèle pour son esprit d'entrepreneuriat et ses immenses capacités en matière de gestion. Son expérience, sa sagesse et surtout son ambition sans limites pour le bien-être des populations de Louga doivent, pour nous, fils de ce terroir, constituer une source de motivation pour mieux nous impliquer dans un processus de développement harmonieux et durable de notre région[41] ».

Très tôt arraché à notre affection, ce digne fils de Louga laisse derrière lui d'ambitieux projets que le Destin ne lui a pas laissé le temps de réaliser. Nous en citerons les plus importants

---

[40] Président de la Chambre de commerce, d'industrie et d'agriculture de Louga de 1984 à 2003, Bamba Sourang est décédé en 2009 à l'âge de 87 ans. Il fut aussi à la tête de l'Union nationale des chambres de commerce du Sénégal et de la Fédération des chambres de commerce de l'Afrique de l'Ouest. Administrateur de plusieurs sociétés dont Sogeca, CNART Assurances et Mercedes Sénégal, il a été à l'origine de la création du premier syndicat national des transporteurs du Sénégal. En outre, il fut député et adjoint au maire de Louga.

[41] « Serigne Moussa sur les traces de Djily Mbaye », *Le Soleil,* 7 avril 2001.

pour permettre au lecteur de voir jusqu'où allait l'ambition de Djily Mbaye pour son pays en général et sa région en particulier.

Le bitumage annuel

Ayant constaté l'agrandissement de Louga, avec la naissance de nouveaux quartiers, le grand bâtisseur décida d'appuyer la municipalité lougatoise dans sa politique d'urbanisation et de modernisation de la commune. C'est ainsi qu'il prit en charge le bitumage de quelque sept kilomètres de routes. La réalisation de ces sept mille mètres d'asphalte permit de désenclaver les quartiers de Santhiaba, Thiokhna et Grand Louga. Mais comme le manque d'infrastructures routières n'était pas de nature à être résorbé d'un seul coup, il s'engagea devant Daby Diagne, maire de Louga à l'époque, en présence des chefs d'État Abdou Diouf et Daouda Diawara, venus lui rendre visite, à poursuivre le projet en bitumant un certain nombre de kilomètres de routes chaque année.

La centrale électrique régionale

L'autre grande ambition de Djily Mbaye pour le compte de Louga, et qui est restée malheureusement dans les limbes, consistait à implanter, dans la périphérie lougatoise, une centrale électrique[42]. Avec ce projet d'investissement, l'intention du bienfaiteur légendaire était d'alléger le budget des ménages lougatois en fournissant de l'électricité gratuitement aux populations. Mieux encore, à en croire son ami inséparable, Amadou Ka, ce généreux milliardaire ambitionnait, à terme, de racheter la Sénélec[43] et la SDE[44] pour offrir gratuitement l'électricité et l'eau aux Sénégalais. Il aurait même commencé des négociations dans ce sens.

---

[42] Aliou (Khary) Sylla. Entretien du 28 novembre 2010 à Louga.
[43] Société nationale d'électricité
[44] Société des eaux

L'aéroport de Nganiakh Dieng

Sur la liste des projets non réalisés, figure en bonne place un aéroport qui devait coûter six milliards[45], dont les 3,5 devaient être déboursés par le Roi Fahd d'Arabie Saoudite. L'architecture de l'infrastructure était confiée au cabinet de Cheikh Ngom et sa construction à EGCAP de Ido Ricchetti. Cet aéroport devait être installé au village de Nganiakh Dieng, à quelques encablures de Louga. La piste d'atterrissage, selon Moustapha Niasse, devait avoisiner les 3200 m de Dakar-Yoff.

La Société d'exploitation rurale de produits agricoles (Serpa)

La promotion de la culture maraîchère occupait également une place importante dans la politique de développement locale initiée par Djily Mbaye pour le compte des populations de sa région natale. En ce sens, il avait fait aménager un grand périmètre maraîcher de 123 hectares sur la route de Coki. Ce périmètre devait servir de phase test et était divisé en deux zones dont l'une destinée à la culture de fruits et légumes et l'autre à celle des céréales. Grâce au matériel ultra moderne et aux techniques novatrices utilisées, la première expérience a été une totale réussite. De partout, l'on venait pour s'approvisionner en pommes de terre, melons et autres fruits et légumes. La grande portée de ce projet arrêté juste après le décès de son promoteur est bien saisie par Moustapha Niasse, secrétaire général de l'Alliance des forces du progrès (AFP). Aussi avait-il intégré dans son programme de campagne de l'élection présidentielle de 2007, sa volonté de relancer ce projet, une fois élu.

Le promoteur de la SERPA exploitait également un autre champ de fruits situé à Kelle Gueye, juste à l'entrée de Louga, sur la route nationale n°2.

---

[45] Chiffres fournis par le Cabinet d'Architecture de Cheikh Ngom à Dakar.

La société d'extraction pétrolière de Lompoul et Potou

Ce projet, en fait, a été mené jusqu'à son terme du vivant de Djily Mbaye, mais il s'est soldé par un échec. Il consistait à prospecter du pétrole dans deux zones sismiques de la région de Louga : l'une à Lompoul, l'autre à Potou, plus précisément dans le village de Daw. Mais les recherches, financées à coups de milliards, n'ont pas donné les résultats escomptés. Les deux sociétés d'extraction pétrolière (dans les villages de Lompoul et Potou) dont rêvait le milliardaire ne verront jamais le jour.

Concernant Daw, à Potou[46], l'administration coloniale avait engagé, en 1952, la Société africaine du pétrole (Sap) afin d'explorer le sous-sol du village. Rien n'y avait été découvert. Après notre indépendance, de nouvelles prospections se firent dans la même zone. Ces recherches, effectuées par la Société de pétrole du Sénégal (SPS), ne donnèrent rien. Malgré ces échecs, les experts nourrissaient encore l'espoir de trouver du brut dans ces zones en creusant plus profondément.

Au tout début des années 80, Djily Mbaye, qui rêvait de faire de sa région le Texas du Sénégal, va à son tour injecter 4 milliards pour de nouvelles recherches. Cette fois-ci, les techniciens creusèrent jusqu'à une profondeur jamais atteinte de 3600 mètres, sans résultat.

Deux milliards de nos francs ont aussi été injectés dans les travaux de prospection à Lompoul entre 1983 et 1987, sans résultats vraiment probants.

Au vu de toutes ces ambitions que l'homme d'affaires nourrissait pour son pays et sa ville, on peut dire que les Lougatois n'ont pas tort de dire souvent : « Si Djily Mbaye était encore vivant, Louga serait comme Paris. »

---

[46] Source : ministère des Mines du Sénégal.

7. LE CHÂTEAU DE LOUGA

Le château d'El Hadji Djily Mbaye, que d'aucuns appellent « Palais Djily », plus connu à Louga sous le nom de « Chantier », du fait de la longue durée des travaux[47], est aussi imposant que symbolique.

En 1955, lors d'un séjour en France, le futur financier sénégalais a eu l'occasion de visiter le sublime et mythique Château de Versailles classé patrimoine mondial de l'Unesco depuis 1979. Ébloui par la beauté et l'originalité de ce chef-d'œuvre architectural, cet homme ambitieux s'était promis d'ériger un hôtel semblable dans sa ville natale.

Bien des années plus tard, il érigera ce château, un des grands chantiers de sa vie. Homme influent, « réseauté », sollicité de partout en raison de son leadership incontesté, cet homme d'affaires, issu d'une grande famille religieuse, devait disposer d'un réceptif de qualité pour ses hôtes de marque.

Ce que l'on appelle le château d'El Hadji Djily Mbaye est en fait constitué de deux édifices distincts. Les travaux du premier ont démarré en1974 et ce n'est que dix ans plus tard, en 1984, que commenceront les travaux du second, plus imposant. Le tout forme un ensemble impressionnant qui continue de susciter la curiosité des Sénégalais et des touristes étrangers.

Situé au nord-ouest de Louga, à quelques encablures de la route nationale n°2, le terrain qui abrite le château d'El Hadji Djily

---

[47] La durée des chantiers du château a conduit à une intégration réelle, dans la ville, des ouvriers qui y travaillaient. D'ailleurs, on ne peut compter le nombre d'anciens ouvriers étrangers qui, à la fin des travaux, ont préféré rester à Louga avec leur famille.

Mbaye s'étend, à l'image du palais de l'Élysée[48], sur onze hectares. Cette grande surface a été constituée par acquisitions successives de plusieurs lopins de terre.

Le château est symbolique aussi dans la mesure où le choix de son lieu d'implantation est loin d'être fortuit. En effet, les premières parcelles acquises par Djily Mbaye et qu'occupent les premiers bâtiments situés plus précisément à l'Est, étaient la propriété de son père, Mame Cheikh Mbaye. Une autre partie du terrain était le champ d'un vieux paysan appelé Barama et qui habitait dans le quartier de Santhiaba Sud. Sur ce site que d'aucuns appellent encore "*Tool u Baraama*" (le champ de Barama), il y avait, outre de nombreux anacardiers, un grand tamarinier sous lequel Mame Cheikh aimait se retrouver pour ses fréquentes retraites spirituelles. C'est pour cette raison que l'arbre était communément appelé « Dàqaar u Maam Seex » (le tamarinier de Mame Cheikh). Ce n'est que plus tard que son fils l'acheta à l'agriculteur susnommé pour y construire une mosquée et y « réserver » son futur mausolée.

En 1974, il entame les formalités pour la mutation, l'immatriculation du terrain et l'obtention du titre foncier. Pour cela, il fait appel à un groupe de techniciens comprenant Doudou Fall, alors chef du bureau d'études de l'urbanisme à Dakar, Massamba Guèye, ingénieur géomètre et directeur du cabinet de géomètre Azur Top, Balla Diaw, directeur des Domaines de Louga, et Siré Sall, chef de service des Domaines de Diourbel[49].

Au début, ces techniciens ne croyaient pas au grand projet de Djily Mbaye. D'ailleurs, l'un d'entre eux, en visitant le site qui changera de physionomie quelques années plus tard, s'était écrié : « Il (Djily) rêve ! » Cet avis était partagé par la population de Louga qui ne tarda pas à changer d'avis en voyant les murs sortir de terre.

---

[48] Siège de la présidence de la République française, le palais de l'Élysée a une surface de 11.179 m².

[49] Durant cette période, Louga avait le statut de chef-lieu de département et dépendait de la tutelle administrative de la région de Diourbel.

Djily Mbaye sera le premier habitant de cette zone, jadis forêt redoutée du fait des nombreux animaux sauvages qui y vivaient. À l'époque, c'est la demeure du marabout El Hadji Abass Sall, venu s'installer en 1948 dans cette partie isolée de Santhiaba, qui marquait la limite occidentale de la ville de Louga. Le site était non seulement isolé, mais aussi accidenté. C'est d'ailleurs pour cette raison qu'il était appelé "Tóoŋóor [50]" (la haute).

Avec les nouveaux chantiers de Djily Mbaye, la ville de Louga va s'élargir vers l'ouest. Pour la première fois, elle fera l'objet d'un plan d'urbanisation et abritera des habitations modernes dont les plus impressionnantes sont le « petit palais » et le « grand palais » de Djily Mbaye. Encore un clin d'œil à Versailles avec son « vieux château » et son « château neuf ».

Le petit palais

Les travaux de ce chantier, confiés à l'entrepreneur El Hadji Mamadou Sylla, ont commencé en 1974 et ont coûté 7 milliards de nos francs. L'édifice sera inauguré le 3 décembre 1977, par le président Léopold Sédar Senghor, accompagné de plusieurs autorités étatiques parmi lesquelles Abdou Diouf, alors son Premier ministre.

Ce palais I de Bagdad est constitué de plusieurs bâtiments séparés et d'un édifice principal. Dès qu'il franchit le portail, le visiteur voit, sur sa droite, trois résidences exclusivement réservées aux membres de la famille, dans un souci, dit le maître des lieux, de préserver leur intimité. Face à ces résidences, se dressent trois autres pavillons destinés à l'hébergement d'hôtes. Au milieu de cet ensemble, un jardin à la verdure coruscante offre à l'œil du visiteur une composition florale polychrome. Tout autour de ce jardin, des routes et trottoirs bitumés et boisés complètent ce magnifique tableau. Une large allée asphaltée d'environ 50 mètres, bordée de réverbères, fend le jardin en deux et mène à l'édifice principal.

---

[50] Lire « Tongoor ».

Chaque moitié de ce jardin est agrémentée de rocailles avec cascades.

Une grille gigantesque en fer forgé, inspirée de celle de la Place Stanislas de Nancy en Lorraine (France), ouvre la perspective, du portail central au premier édifice d'un seul niveau, composé de deux compartiments réunis par une coupole en forme de case. Cette coupole présente trois ouvertures avec des chapiteaux et des lanternes qui émergent sur du métal noir recouvert d'une ferronnerie très élaborée et coiffée par des pilastres ambrés. Ces fines enjolivures courent tout le long de la grille. La façade principale du bâtiment, dominée par un palier agrémenté d'ouvertures aux formes géométriques diverses, est formée d'un porche en dalle avec de faux-plafonds en staff, des bandeaux à l'horizontale dûment moulurés et reposant sur quatre pieds adjacents. Cette façade donne sur une petite cour asphaltée. Un escalier d'une dizaine de marches tapissées de grands carreaux en marbre gris à rayures plus claires mène vers l'intérieur du bâtiment dont les murs sont revêtus des mêmes carreaux. Une porte en bois précieux coulissante et vitrée accueille le visiteur.

Le bâtiment comporte une dizaine de pièces privées dont la chambre principale du propriétaire Djily Mbaye. Les autres chambres au décor féerique immortalisent, pour la plupart, des amis du propriétaire. On y retrouve une chambre qui porte le nom de Madame Colette Senghor, qui y avait séjourné, une autre portant le nom de Lamine Lô et une autre, celui de Serigne Sall, entre autres. Les murs de ces chambres sont tapissés de tissu modelé, en plissés soleil, dans des fresques ou contreplaqués à motifs ou d'autres types de boiseries. À droite, est aménagée une grande salle de séjour équipée de salons marocains.

Quant à la décoration, elle mêle styles néoclassique et baroque. Sur une grande table, est posé un tableau offert à Djily Mbaye par le roi Hassan II, représentant l'escorte royale du souverain Mohamed V au moment de sacrifier au rituel de la prière de l'Aïd. L'ensemble témoigne de la tolérance dont faisait montre le maître des lieux : le portrait de la Vierge Marie portant Jésus, image de grande dimension, trône à côté d'un autre tableau représentant le prophète David.

Le bureau du maître des lieux et un salon d'honneur complètent le glamour du petit palais. Tout cet assemblage de luxe est supporté par un entrepôt souterrain.

Derrière ce bâtiment-mère du château, il y a une piscine protégée par des rambardes en fer. Monsieur Monteil, un Français, était chargé de l'entretien de ce grand bassin.

L'arrière-cour abrite deux jardins et, dans sa partie droite, la mosquée. Celle-ci, attenante au mausolée du marabout, donne sur une cour bordée d'arbres.

Le grand palais

Les travaux de ce vaste chantier ont duré de 1984 à 1987, et ont englouti 14 milliards de nos francs. Son édification était surtout motivée par la tenue du sommet de l'Organisation de la conférence islamique (OCI[51]). En effet, en 1991, le Sénégal avait l'insigne honneur d'être le premier pays en Afrique subsaharienne à abriter ce sommet qui, comme chacun sait, exige des infrastructures dotées des commodités et du luxe les plus remarquables.

El Hadji Djily Mbaye, grand ami des princes du Golfe, sera au cœur d'un intense lobbying, aussi bien auprès du gouvernement socialiste de l'époque que des instances de décision de l'OCI, pour amener l'organisation à choisir le Sénégal comme pays devant abriter la sixième édition du sommet de la prestigieuse organisation. Djily Mbaye voulait en particulier que Louga, sa ville natale, accueillît la manifestation et hébergeât les hôtes.

Pour vendre la « destination Louga », il fallait séduire les décideurs par le luxe, préparer le terrain avec un dispositif

---

[51] L'OCI est une institution internationale regroupant plusieurs pays dont le but est de défendre les intérêts de tous les musulmans du monde et des lieux saints de l'Islam. Elle fut créée après l'incendie criminel de la mosquée Al Aqsa de Jérusalem par des extrémistes juifs le 21 août 1969.

infrastructurel adapté. Ainsi naquit l'idée de construire, à Louga que Mansour Bouna se plaisait à appeler « la ville aux trente mosquées », à côté du « petit palais », ce qu'il est convenu d'appeler « le grand palais ».

L'architecture est l'œuvre du cabinet sénégalais d'architecture et d'urbanisme de Cheikh Ngom[52], établi à Dakar et les travaux ont été exécutés par l'Entreprise générale du Cap Vert de travaux publics et particuliers (EGCAP SA) de Ido Ricchetti.

Cet immeuble imposant est composé de trois étages dont le premier, muni d'un haut plafond et richement décoré en staff, tient lieu de mezzanine. Celle-ci est composée de deux salles de conférences, d'un grand salon d'honneur, d'une fontaine à jets d'eau multiples et d'une salle d'hôtes qui, en principe, devrait servir de bureau au marabout-bâtisseur.

Au total, cet immeuble habillé en marbre blanc comprend sept appartements dont les six sont aménagés pour accueillir des chefs d'État. L'appartement principal, au troisième étage, était réservé à l'éventuel hébergement de Sa Majesté le 5e roi d'Arabie Saoudite, Fahd Ben Abdel Aziz. Quatre logements présidentiels aux attrayantes couleurs jaune, vert, bleu et rose occupent le deuxième étage.

Naturellement, vu la qualité des hôtes que devait recevoir l'édifice, une attention particulière devait être accordée à la sécurité. C'est ainsi qu'au rez-de-chaussée par exemple, toutes les vitres du hall sont blindées. Dans ce même souci de sécuriser l'édifice, Djily Mbaye fit installer, sur la terrasse, un paratonnerre qui, au-delà même du domaine, sécurise une grande partie de la ville et de ses environs.

Cette imposante et admirable résidence blanche dont certaines chambres font 60 m² est la première image qui s'offre à la vue du voyageur venant vers Louga. Rien que la maquette qui la

---

[52] Parmi les autres réalisations de Djily Mbaye conçues par le cabinet de Ngom, il y a les lycées Malick Sall et Mame Cheikh Mbaye, la Gouvernance de Louga.

reproduit, réalisée par le maquettiste Jacques Martenet et exposée à l'accueil du petit palais, est une pure merveille.

La décoration intérieure et le mobilier quant à eux étaient simplement dignes du plus beau château des Mille et une nuits. Inspiré par le mythique Château de Versailles entre autres, Djily Mbaye n'a pas lésiné sur les moyens en matière de décoration et d'ameublement. Grand voyageur et « courtisan du beau », il rapportait de chaque voyage du matériel et des objets de décoration, les uns plus luxueux que les autres.

Les pièces les plus rares se côtoient dans son immense palais : commodes Louis XIV et meubles Louis XV de plus de deux siècles, lits en plissés soleil ou enjolivés avec du fer forgé, robinets en or dans les salles de bains, salons italiens et français, grandes bibliothèques et armoires vitrées en bois de rose, secrétaires en marbre, salles à manger, tables basses et tables de chevet importées, glaces et lustres de luxe, des rideaux aux vignettes brodées avec des motifs variés... De nombreux objets en ivoire de mammouth sculpté égaient les pièces du château du Ndiambour. Caractérisés par leur rareté, mais surtout par leur cherté, ils renforcent l'originalité de la décoration. On y trouve aussi des bibelots en malachite, cette matière dont est fait le trophée de la Coupe du monde de football.

Sur les murs, s'étalent des tapisseries en soie pure d'une grande beauté. D'autres tapisseries du même genre revêtent le sol. Un des tapis muraux fut acheté à la prestigieuse manufacture des Gobelins de Paris. Très évocateur, ce tapis symbolise la célèbre cérémonie du Triomphe romain. D'autres tapis, persans ceux-là, viennent du Maroc. On remarque que, dans bien des pièces du palais, les ornements orientaux sont très présents.

Les lustres ainsi que d'autres cristaux furent commandés chez Baccarat, une industrie de cristal située dans la localité du même nom à Meurthe-et-Moselle, en Lorraine. Pour la petite histoire, la toute première production de Baccarat était une commande de Louis XVIII. Aujourd'hui, sa clientèle est composée pour l'essentiel de familles royales et autres familles influentes du monde.

L'autre lot de cristaux et lustres est fabriqué en France, à Saint-Louis précisément. Le plus grand des lustres pèse six cents kilogrammes. Il se trouve au rez-de-chaussée, est composé de trois compartiments démontables et constellé de 109 ampoules de 60 watts chacune.

L'alimentation en eau et en électricité est assurée par deux grands châteaux d'eau et un assortiment de groupes électrogènes, dispositif renforcé au lendemain du séjour au château, en 1989, des présidents Gnassingbé Eyadema et Abdou Diouf.

Respectueux de l'environnement, Baye Djily avait fait de la partie ouest du domaine l'empire des végétaux. Il y pousse toute sorte d'arbres : papayers, orangers, manguiers de Yamoussoukro, citronniers, bananiers, figuiers, oliviers, rosiers, sapins, dattiers, cocotiers, palmiers, filaos… À perte de vue, à l'intérieur comme à l'extérieur du château, s'alignent des eucalyptus, des "mantalis" (nom scientifique : Terminalia mantaly), des "niimaa" (nom scientifique : Azadirachta indica), des platanes de France.

Du vivant du propriétaire des lieux, il existait dans le palais une petite ménagerie d'espèces rares. Y vivaient des mammifères comme les vaches de Pakistan et les gazelles, mais aussi des autruches, des perroquets et des paons.

À cadre somptueux, table somptueuse. La vaisselle est en cristal pur et en porcelaine translucide ou en porcelaine de Limoges caractérisée par une céramique dure et un son cristallin quand on la fait tinter. Fourchettes, cuillers et couteaux sont en métaux précieux. Tout ce matériel de service porte, écrites avec de l'or grâce à un damasquinage fin, les initiales en caractères latins et arabes du maître des lieux.

Mais toutes ces commodités et ce luxe n'auront pas suffi pour convaincre Abdou Diouf, cet autre natif de Louga, alors président de la République qui, essentiellement pour des raisons de sécurité, portera finalement son choix sur Dakar pour accueillir le sommet.

Djily Mbaye, déçu, laissa tomber les autres réalisations qu'il souhaitait offrir à la ville dans le cadre de l'événement. Ces projets « mort-nés » comprenaient, entre autres, un centre des congrès, différent de la salle de conférence du château, une autoroute 2 X 2 voies entre Dakar et Saint-Louis, un Golf Hôtel[53] et une cité résidentielle de cinquante maisons de style marocain dont quatre villas témoins avaient déjà été réalisées non loin du château. À Louga, on les appelle « Villas marocaines ».

Quant au palais des hôtes, il n'a jamais été inauguré et le marabout milliardaire décida de le réserver à l'accueil de ses hôtes de marque, de ceux de sa famille ou de la ville de Louga. Effectivement, le château continue d'être le site d'hébergement des plus grands hôtes de la ville, qu'ils soient chefs religieux, autorités étatiques, leaders d'opinions ou invités de la famille.

De quoi consoler le plus grand bienfaiteur de Louga qui, à l'évidence, n'avait pas réalisé ce projet pour son prestige et son confort personnels. Son mentor, Serigne Abdoul Ahad Mbacké, après une visite guidée du château de Louga, résuma ses impressions en une phrase : « *Su àdduna doon sàx ma xam ni am nga kër !* ». (« N'eût été le caractère éphémère de toute réalisation terrestre, j'aurais pu dire que tu as là une vraie demeure. ») Cette phrase a certainement davantage conforté le riche homme d'affaires et marabout dans la conscience qu'il avait déjà de la vanité des biens de ce bas monde. D'ailleurs, malgré le luxe du Palais II qui n'a rien à envier aux résidences présidentielles du monde, et le lourd investissement consenti pour sa réalisation, Djily Mbaye n'y a pas passé une seule nuit des sept années qu'il a vécues après la fin des travaux.

En véritable ascète, de tout ce qu'il avait bâti sur les onze hectares de son domaine, Djily Mbaye préférait une pièce très simple épousant la forme d'une case africaine traditionnelle, située

---

[53] Pour avoir plus de détails sur ces projets qui avaient été déjà budgétisés, voir Abdou Sylla, *L'architecture sénégalaise contemporaine*, Paris, L'Harmattan, 2000, pp. 55-120.

non loin de sa mosquée. Il s'y retirait souvent pour adorer son Seigneur et Pourvoyeur.

8. LE SERVITEUR DE L'ISLAM

Conscient de ce que tout ce qu'il possédait procède de Dieu, le richissime marabout était prompt à œuvrer pour le triomphe de l'Islam.

On ne compte plus les mosquées dont il a financé la construction et l'équipement. Après avoir construit une mosquée dans son domaine de Bagdad et une grande dans sa ville natale, Djily Mbaye poursuivit son œuvre à travers tout le pays. Quand il ne finançait pas intégralement la construction d'une mosquée, il en achevait les travaux quand les initiateurs rencontraient des difficultés. Il en réhabilitait aussi. D'ailleurs, ses proches l'ont souvent entendu dire : « *Mënu maa romb jàkka ju ràpp.* » (Je ne supporte pas de voir une mosquée vétuste). Les mosquées étant considérées comme les demeures de Dieu, il trouvait inconcevable qu'elles soient moins belles que les maisons des hommes.

À Louga et environs, de nombreuses mosquées ont été construites, achevées ou réhabilitées grâce à son appui. Parmi ces mosquées, on peut citer celle de Kër Serigne Louga, près du cimetière de la ville, la grande mosquée de Louga et celle de Mame Malick Sall (marabout à Louga), celles des villages de Thiaméne et de Niomré. À Dakar, il a participé financièrement aux travaux de finition de la zawiya khadre, de la « Mosquée inachevée » de l'aéroport, finalement achevée grâce à lui, à celles des quartiers Mermoz, Gibraltar, Sicap Serigne Cheikh et Castors.

L'histoire de cette dernière mérite qu'on s'y arrête. Le jour où son ami diplomate, Khaly Gaye, lui avait fait l'honneur de faire de lui le parrain de sa fille lors du mariage de cette dernière, Djily Mbaye vint dans la mosquée en chantier.

Comme il est de coutume au Sénégal, le muezzin en profita pour demander aux fidèles présents sur les lieux de participer selon leurs moyens au financement des travaux du lieu de culte. C'est à ce moment-là que le célèbre griot, El Hadji Mansour Mbaye, présent sur les lieux, ordonna au *bilaal* de surseoir à son appel car l'homme capable de résoudre les problèmes de la mosquée est dans l'assistance. « Le bienfaiteur des mosquées est parmi nous ! », s'exclama-t-il alors, en faisant allusion à Djily Mbaye.

Signe de sa discrétion légendaire, El Hadji Djily ne réagit pas dans l'immédiat. Ce n'est qu'après la cérémonie, au moment où tout le monde était parti, qu'il remit un chèque de 20 millions aux responsables de la mosquée.

En 1975 déjà, l'homme avait fait un geste similaire pour le compte de la *zawiya* El Hadji Malick Sy de Plateau, située sur l'avenue Lamine Guèye. Seulement ici, il n'avait été saisi d'aucune sollicitation.

En effet, un jour, en compagnie de son ami Kader Gaye, il a prié dans l'édifice qu'il trouva quelque peu vétuste. Il prit alors l'engagement de réfectionner ce mythique lieu de culte. Ce qu'il fit après s'en être ouvert au calife de Tivaouane qui accepta la noble proposition.

En plus de débloquer la somme nécessaire pour les travaux de rénovation de la zawiya de Maodo, le bienfaiteur décida, le même jour, d'équiper en ventilateurs la Grande Mosquée de Dakar sans avoir été sollicité.

Tout près de là, la mosquée de la rue Moussé Diop (ex-Blanchot) a également bénéficié du soutien de Djily Mbaye qui, constatant qu'elle était exiguë, lui céda un terrain de l'angle d'à côté (rue Blanchot angle Félix Faure) pour rendre possible l'extension de ce lieu de culte où l'éminent savant El Hadji Rawane Mbaye a l'honneur de diriger la prière du vendredi.

Le bienfaiteur avait acheté ce terrain à 77 millions de nos francs par l'entremise de son conseiller en immobilier, Doudou Fall, à qui il avait dit : « Ne marchande pas avec le propriétaire. Paye-lui le prix qu'il demandera car, nous, c'est pour Allah que nous faisons cette démarche. » Les travaux terminés, Djily Mbaye se chargea également d'équiper l'édifice de moquettes.

L'argent du marabout a servi aussi à terminer les travaux des mosquées de Pire et de Darou Mouhty.

Quant à la mosquée du village de Pekh, elle recevra 500 mille francs du marabout avant même le début des travaux. Le jour où les notables de cette localité qui borde la route nationale n°2 procédaient à la délimitation du terrain, la voiture qui emmenait El Hadji Djily et son ami Serigne Cheikh Astou Faye Mbacké[54] à Dakar passait par là. L'homme d'affaires, voyant les villageois s'affairer sur le terrain nu, cordes à la main, devina vite la raison de leur regroupement. Il s'arrêta alors pour faire ce don fortement salué.

Des maisons de Dieu (mosquées), Djily Mbaye en a construit, rénové et/ou équipé. À Louga, sa ville natale, il a aussi bâti Kër Mohamed, entendez « la maison du Prophète ». Cette infrastructure reçoit, entre autres manifestations à caractère religieux, la cérémonie de son *Gamou*. Elle a été construite en 1979 et a coûté 40 millions de francs CFA. Bâti sur un terrain d'une superficie de 10.000 mètres carrés (1 ha), Kër Mohamed compte une cinquantaine de chambres équipées.

Ces pièces servaient de logement aux fidèles et invités de Djily Mbaye lors du Mawlid. Aujourd'hui, c'est dans ce lieu que se tiennent gratuitement beaucoup de rencontres islamiques de la ville : conférences, chants religieux, etc. Des employés des deux palais et des personnes de passage y sont aussi logés.

Véritable maison du Prophète Mouhamed à Louga, cette propriété est enregistrée dans les cahiers du cadastre sous le nom de Moustapha (un des prénoms du prophète), ce qui en fait la maison de toute la Umma islamique.

Serigne Abdou Aziz Sy Dabakh qui visita l'infrastructure alors en chantier, séduit, écrivit ce poème : « *Jamais tu n'as dévoilé tes*

---

[54] Cheikh Astou Faye est le fils de Serigne Modou Habib Mbacké, lui-même fils de Mame Thierno Birahim Mbacké, fondateur de la ville de Darou Mouhty, deuxième capitale du mouridisme.

actes de bonté. Oh Djily ! Ce grand geste te révèle [en bien] comme la brillance de la lune au franchissement de son quinzième jour / Que l'éclat qui est en toi soit éternel et apparaisse plus pur que celui de la lune qui décline inexorablement / Toi, tu seras luisant jusqu'à la fin des temps.»

Une autre réalisation qui figure en bonne place dans les bienfaits du marabout Djily Mbaye est la Fondation islamique et culturelle Fahd Ben Abdel Aziz, créée en 1984. En fait, Djily Mbaye supportait mal la pauvreté dont sont victimes nombre de ses frères musulmans.

Conscient qu'il lui serait impossible, à lui seul, de changer le quotidien de ceux-ci, il décida de s'en ouvrir à d'autres personnes ressources pour la création d'une sorte de Caritas musulman dont l'objectif serait d'aider activement des coreligionnaires démunis et, par là même, de rappeler aux musulmans et aux détracteurs de l'Islam, prompts à le diaboliser sans en comprendre les fondements, que la dernière religion révélée est bâtie sur la solidarité et la paix.

La première personne que le milliardaire sénégalais ait contactée fut le Roi Fahd, qui le reçut en novembre 1982, à Djeddah. À l'occasion de cette audience, Djily Mbaye offrit au souverain saoudien un sabre et un exemplaire du Coran avant de s'adresser à lui en ces termes : « Je ne suis venu à vous ni pour quémander, ni pour emprunter de l'argent, ni pour vous demander d'être mon associé. (…) Certes, Dieu m'a fait la grâce d'être un partenaire sûr dont tout État ou homme d'affaires voudraient, car je peux mobiliser des milliards, mais ce n'est pas là l'objet de ma visite. Je suis venu plutôt pour deux raisons. La première, c'est l'Islam, la seconde, la paix. Vous, Fahd, Dieu vous a investi d'une mission unique sur terre parce que vous êtes responsable de la Mecque, la Sainte, où est descendue la Révélation. C'est aussi ici que repose le Prophète et que se trouve la Kaaba. C'est pourquoi l'entreprise en faveur de l'Islam vous incombe au premier chef. Aussi, voudrais-je que nous aidions les musulmans, car il y a parmi eux beaucoup de nécessiteux. En Afrique, par exemple, ils sont frappés de plein fouet par la sécheresse. Ce sont, pour la plupart, des paysans et, avec cette sécheresse, ils sont victimes de la famine. C'est pourquoi, je propose qu'on mette en place une fondation. Je suis prêt à mobiliser dix millions de dollars, soit trois milliards de nos francs[55]. »

Au profit de cette Fondation qui porte son nom, le souverain décaissa la faramineuse somme de 20 millions de dollars américains. L'autre contributeur de taille a été le président gabonais, Omar Bongo.

Le siège de la Fondation, œuvre du cabinet d'architecture de Cheikh Ngom, aura coûté 3 milliards de francs CFA. Il est implanté à Dakar et a été inauguré le 23 avril 1992 par le président Abdou Diouf. Le même jour, le boulevard qui passe devant le siège a été baptisé du nom de Djily Mbaye.

La Fondation Fahd tire ses ressources essentiellement de la location des locaux de son siège qui compte en tout deux sous-sols, un rez-de-chaussée et 17 étages. Elle a pour mission de subvenir aux besoins de tous les musulmans et communautés musulmanes dans le besoin. Elle s'assigne aussi comme rôle la défense de l'Islam par la promotion de ses valeurs.

Pour garantir la pérennité de ce service de secours musulman, Djily Mbaye proposa à la Fondation d'être actionnaire dans des entreprises prometteuses. C'est ainsi que la Fondation entra dans le Conseil d'administration de la Société sénégalaise d'assurances et de réassurance (Sosar Al Amane) et est détentrice de près de 10% des actions. Devenue aujourd'hui Salama Assurances, cette société, créée en 1988, est le fruit d'une collaboration entre Moustapha Niasse, son ami assureur Alpha Sandjiry Bâ, qui en était le directeur, et le groupe Al Baraka d'Arabie Saoudite.

Précisons enfin que la FBAA n'a commencé à fonctionner qu'après le décès de son initiateur. Mais de son vivant, pour éviter toute confusion entre le capital de cet établissement d'utilité sociale

---

[55] Discussion publiée par Ousmane Fall sur le site de la famille Mbaye, www.kabire.com.

et le sien, promis à sa succession, l'initiateur tenait à apporter des éclaircissements précis à sa famille et à son entourage sur les ayants droit du fonds de ce « Caritas » islamique. « La Fondation, leur disait-t-il, est une propriété de la Umma islamique et non de ma famille. »

Pour la petite histoire, lorsque le Roi Fahd avait libellé à son nom le chèque représentant sa contribution pour la réalisation de la Fondation, Baye Djily lui avait retourné le chèque, exigeant que le nom du président de la République du Sénégal remplace le sien, par précaution. Il voulait, disait-il, que « l'argent de la fondation ne puisse souffrir, de la part de [ses] héritiers, d'aucune confusion avec [ses] propres biens lorsque Dieu choisira de [le] rappeler à Lui ».

Toujours dans un souci de clarté, Djily Mbaye avait confié la gérance de la Fondation à Abdou Diouf qui, à son tour, la délégua à l'ancien ministre de l'Économie et des Finances, Serigne Lamine Diop. À la mort de ce dernier en 2008, il fut remplacé par l'ancien Premier ministre socialiste, Mamadou Lamine Loum, qui continua de cogérer la Fondation avec Mame Cheikh Mbaye, le président du Conseil d'administration.

La dernière construction de Djily Mbaye en faveur de l'Islam reste symbolique à bien des égards. Il s'agit du monument "Baabu Salaam" de Louga, vu par certains comme le symbole du rayonnement et de l'influence islamiques qui ont illuminé la ville depuis le 17e siècle. Son édification est le fruit d'une généreuse idée du marabout-mécène. Le nom, typiquement arabe du monument, fait référence à l'une des quatre portes d'accès à la ville sainte de Médine.

Avec ses trois chambranles qui renvoient au style oriental, et qui sont séparés par des pieds robustes, le monument épouse le modèle de l'architecture des mosquées. D'une hauteur de huit mètres, il n'a pas connu de cérémonie d'inauguration, mais fait le bonheur des populations qui le choisissent comme lieu de départ de certaines manifestations locales (marches, randonnées, etc.).

Cette dernière-née des réalisations du milliardaire lougatois n'est pas pour autant la moins utile. En effet, Saint-Louis, la voisine de la capitale du Ndiambour, se glorifie du Pont Faidherbe qui immortalise son passé colonial ; Thiès expose la statue équestre de "Maalaw[56]" devant sa « porte » pour évoquer la bravoure cayorienne ; Louga, foyer de ferveur religieuse, se devait d'offrir un symbole de son histoire. Alors, Djily Mbaye, le visionnaire, chargea l'entrepreneur Pierre Diallo d'ériger, en 1989, ce monument dont le nom en arabe signifie littéralement « porte de la paix ».

À partir de Baabu Salaam, un boulevard d'un kilomètre, qui porte aujourd'hui le nom du bâtisseur lougatois conduit à la devanture du château. Ses deux voies sont embellies par des arbres en bosquets et par des lampadaires plantés à intervalles réguliers.

Seulement, un habitué des boulevards des grandes villes remarquera qu'il manque à ce cadre enchanteur une installation de grande utilité, les bancs publics, propices au repos des promeneurs. L'absence de ces « baŋ jaaxle », comme l'appellent les Sénégalais, en ces lieux, ne relève pas d'un oubli, mais découle plutôt de la volonté du bailleur. Homme de foi, il disait à ses proches : « L'installation de bancs tout au long du boulevard favorisera des esprits mal tournés qui y poseraient des actes contraires à la sunna. Le cas échéant, je serais responsable. » Au regard de cette précaution, on peut avancer que Djily Mbaye incarne la sagesse du prophète de l'Islam qui, selon Mouslim, affirme : « La meilleure richesse est celle qui se trouve dans la main d'un homme pieux. »

Même hors du Sénégal, El Hadj Djily Mbaye a eu à intervenir dans le financement d'édification de mosquées. En effet, le plus grand lieu de prière du Congo, la Grande Mosquée de Brazzaville, a bénéficié de ses largesses, sur demande des ressortissants sénégalais vivant dans ce pays. Même à la Mecque, il lui est arrivé de se charger du remplacement de la couverture noire

---

[56] Nom donné au cheval du damel du Cayor, Lat-Dior.

bordée d'or de la Kaaba dont les portes lui avaient été ouvertes à maintes reprises par la famille Al Shébi, sur ordre du roi Fahd.

Cet attachement à l'édification et à l'embellissement de ces « maisons d'Allah » lui valut d'être surnommé « *doktoor u jàkka yi* » (le médecin des mosquées), par Serigne Abdou Aziz Sy Dabakh qu'il avait beaucoup soutenu pour la finalisation des travaux de sa mosquée de Dieuppeul-Derklé à Dakar.

Les largesses de Djily Mbaye à l'occasion de certains événements religieux ont aussi marqué ses contemporains. Chaque fois qu'il était informé de la tenue d'un événement religieux, sans attendre d'être sollicité, il intervenait avec la générosité qu'on lui connaît.

Par exemple, lorsque son maître de Coki, Ahmad Sakhir Lô, fut rappelé à Dieu le 30 mars 1988, son confident et ancien élève se trouvait au Maroc. Ce fut son ami, Ahmad Moubarack Lô, lui aussi disciple du défunt, qui lui fit parvenir l'information. Très affecté par la nouvelle, Baye Djily fit la promesse de réaménager son agenda pour assister à la cérémonie du huitième jour de son mentor. Ensuite, il joignit son homme de confiance, Fallou Lô, qu'il chargea de le représenter à Coki afin de remettre son soutien à la famille du défunt : huit bovins et toutes les denrées qui devaient aller avec (riz, huile, tomate, etc.)

Ancien pensionnaire de Coki, Djily Mbaye a toujours soutenu le *Daara* qui l'a formé, notamment en y envoyant vivres, vêtements, médicaments… Même après le rappel à Dieu d'Ahmadou Sakhir Lô, il continuait ces actions louables en faveur des pensionnaires. Cette école est considérée aujourd'hui comme l'un des plus grands centres d'enseignement coranique du Sénégal.

El Hadji Djily Mbaye fera aussi beaucoup pour le mouridisme. A titre d'exemple, c'est lui qui, en 1983, a financé la construction de la Résidence Khadim Rassoul de Touba pour un montant de 500 millions de francs CFA. C'est aussi lui qui a équipé cette structure d'un somptueux mobilier et en assurait l'entretien par le personnel de son château de Louga interposé.

Un autre projet, la grande bibliothèque Daaray kaamil de Touba, a également enregistré la contribution du marabout millionnaire. D'après Thierno Diaw, tout est parti d'une discussion entre Serigne Abdoul Ahad, le calife d'alors dont il était le bras droit, et Djily Mbaye, son ami de toujours, sur l'avenir de Touba. D'ailleurs, Cheikh Guèye, l'auteur de *Touba, la capitale des mourides*, revient dans son ouvrage sur cet entretien, point de départ de ce projet de 300 millions de francs CFA.

À l'origine, le troisième calife de Bamba avait l'idée de construire une bibliothèque à Touba, pour, disait-il, être en phase avec la tradition de Serigne Touba qui a toujours réservé dans ses demeures la meilleure place au Livre saint. Selon l'ouvrage qui a repris le témoignage de Thierno Diaw, au cours de cette entrevue entre les deux hommes, Djily Mbaye demanda à Baye Lahad de lui proposer un projet qu'il financerait en partie. L'occasion étant trop belle, le calife de lui dire : « Je te propose un projet de Serigne Touba : une bibliothèque qui contiendrait toutes sortes de livres. Chaque fois qu'il (Bamba) a eu une maison, il l'a partagée avec ses livres et le Coran (en les posant sur son lit, sur ses meubles). Seuls ses livres étaient plus élevés que lui. » Baye Djily conclut alors : « J'y mettrai 100 millions. » Et son interlocuteur rassura : « Si tu me les donnes, je les investirai intégralement dans le projet. »

Ainsi, la bibliothèque vit le jour et occupe une place de choix dans le bilan du califat de Serigne Abdoul Ahad. Selon Thierno Diaw, dans l'ouvrage précité, cette bibliothèque est aujourd'hui riche d'un peu plus de 150.000 ouvrages répartis entre les poèmes de Cheikh Ahmadou Bamba (64.000 environ), les exemplaires du Saint Coran (55.000), et des ouvrages de culture générale (55.000 environ). Toujours selon la même source, on peut y voir des coffres, des malles, et des lits ayant appartenu au fondateur de la confrérie, ainsi qu'un morceau de la couverture de la Kaaba, offert par le souverain saoudien au troisième calife.

Lors du Grand Magal de 1986, le troisième calife de Bamba, pour l'agrandissement de la grande mosquée de la ville sainte, avait lancé un appel à contributions volontaires. Le devis fut arrêté à 1.500 millions et, pour donner l'exemple, Baye Lahad prit en charge le tiers de la somme. Quant à Djily Mbaye, il injecta 800 millions de nos francs dans le projet.

Pour rendre hommage à l'auteur de la plus importante participation financière de ce projet, et pour le remercier en même temps, Baye Lahat fit l'honneur à son protégé d'être celui qui procéda au mélange du mortier qui a servi à la pose de la première pierre du nouveau chantier.

À Darou Mouhty, autre localité mouride, Djily Mbaye a permis l'achèvement de la grande mosquée en contribuant à hauteur de 33 millions de francs CFA et l'a ensuite équipée de tapis de prière. La mosquée mouride de Diourbel a également été rénovée grâce au marabout milliardaire.

Dans son souci d'assurer le confort des marabouts au cours de leurs nombreux déplacements, l'illustre bienfaiteur de Louga leur offrait des voitures de grandes marques.

Aussi, peut-on dire aujourd'hui que le vœu, un jour exprimé par Serigne Abdoul Ahad alors calife des mourides, s'est réalisé : « *Damaa bëgg fuñu tuddee diggànte Sériñ Tuuba ak sa baay, ñu tudd la fa !* » (Le nom de ton père est à jamais inscrit dans l'histoire du mouridisme vu son œuvre aux côtés de Serigne Touba ; je souhaiterais que tu perpétues cette tradition). En effet, le nom de Djily Mbaye figure sur la liste des personnalités sénégalaises qui ont le plus fait pour Touba et d'autres bastions du mouridisme. Aussi compte-t-il de nombreux homonymes dans la famille maraboutique[57].

---

[57] Parmi les marabouts mourides qui ont rendu hommage à Djily Mbaye en baptisant leur fils de son nom, il y a Serigne Cheikh Astou Faye Mbacké, Serigne Sam Mbacké Ndoulo, Serigne Cheikh Bousso Ibn Serigne Bousso "Ilimane", Serigne Kosso Mbacké Abdou Djamil Ibn Mame Thierno Birahim, Serigne Mame Mor Mbacké Massamba, Serigne Amar Mbacké Ibn Serigne Bara Khadim Rassoul, Serigne Abdou Aziz Bara Mbacké, Serigne Mame Mor Dendeye, l'ancien calife général des mourides, Serigne Bara Mbacké, etc.

S'il y a un jour auquel tenait particulièrement Serigne Djily Mbaye, c'est indiscutablement celui du Mawlid marquant l'anniversaire du Prophète Muhammad (Psl). Rien de surprenant à cela pour qui sait que son père invitait tous ses talibés chez lui, à Louga, pour célébrer cette date pour lui tellement importante qu'il avait coutume de dire : « Si un de mes fidèles n'a pas de quoi se payer le transport pour assister à mon Mawlid, qu'il vende un de ses habits pour venir, même s'il n'en a que deux. »

Le Gamou de Baye Djily était commémoré avec faste et des hôtes de toutes les confréries s'y retrouvaient ; ce qui en faisait une véritable rencontre inter-confrérique. La journée et la soirée de Gamou étaient des moments d'invocation de Dieu et de causeries sur le parrain. Kader Gaye et Mourchid Iyane Thiam en étaient les principaux animateurs. Parallèlement, à chaque édition, le milliardaire envoyait un bœuf et une enveloppe financière à chaque famille religieuse de la région, en guise de contribution à l'organisation de leur Mawlid.

Mais le clou du Mawlid chez Djily Mbaye était la séance annuelle de distribution de billets de banque aux nécessiteux appelée « raŋ u Baay Jiili », allusion à la longue file de personnes qui, le lendemain du Gamou, attendaient que l'homme d'affaires arrive avec ses nombreuses valises remplies de coupures. Cette séance était en réalité l'occasion pour le milliardaire de s'acquitter de son zakat (aumône légale), comme tout bon musulman fortuné. Le milliardaire, de la fenêtre d'une petite pièce située juste à l'entrée de Kër Mohamed, distribuait l'argent à la foule venue de partout. Aussi les sapeurs-pompiers venaient-ils avant l'aube arroser le sol pour éviter que la poussière s'élève.

Ahmed Iyane Thiam et Aliou Sylla, qui l'assistaient dans cette tâche, indiquent qu'il leur arrivait de commencer le matin à huit heures pour terminer à minuit avec quelques petites pauses pour aller prier. Aliou Sylla se remémore : « Djily ne s'arrêtait que lorsque tout le monde avait reçu sa part. D'ailleurs, les personnes malhonnêtes, par des ruses, pouvaient se faire servir à plusieurs reprises[58]. »

Le pèlerinage à la Mecque était aussi une bonne occasion pour le marabout et homme d'affaires lougatois de se livrer à de bonnes actions. En 1945[59] déjà, le milliardaire de Louga fit son premier voyage aux lieux saints de l'Islam.

Depuis, ses relations avec les autorités saoudiennes étaient tellement étroites que, plus d'une fois, il eut le privilège de changer la couverture noire de la Kaaba ainsi que les moelleuses moquettes qui recouvrent le plancher de la mosquée du Prophète (Psl) dont il prenait déjà le personnel en charge (salaires, nourriture, habillement, etc.)
Rappelons également que le roi Hassan II et lui ont financé une opération de reboisement aux lieux saints de l'Islam.

En plus de ces œuvres d'intérêt général, Djily Mbaye soutenait financièrement les pèlerins, surtout ceux du Sénégal dont une grande partie venait en terre sainte à ses frais. Ainsi, en 1973, il avait affrété un Boeing 707 de Middle East Airlines (Mea), pour permettre à 171 personnes d'accomplir gratuitement le petit pèlerinage (Umra) aux lieux saints de l'Islam. Parmi les invités, il y avait des marabouts dont le célèbre Serigne Hady Touré, mais aussi des membres de sa famille ainsi que ses amis de Kaolack, de Diourbel, de Dakar, de Saint-Louis et de Louga.

Après avoir lui-même, pendant des années, fait le déplacement à la Mecque pour soutenir des pèlerins dans le besoin lors du pèlerinage, Djily Mbaye décida de mandater chaque année Mass Samb, son vieux compagnon, pour assurer la fourniture en nourriture aux pèlerins. Ça allait des mets aux fruits. Rien que pour ces fruits, il déboursait 5 millions. Cette action est aujourd'hui perpétuée par sa famille.

Particulièrement ouvert et tolérant, Djily Mbaye ne limite pas son action à la confrérie mouride ou même à la religion

---

[58] Aliou Khary Sylla. Entretien du 28 novembre 2010 à Louga.
[59] *Ibid.*

musulmane. Boughar (dit Pierre) Diouf, son majordome de confession chrétienne n'oubliera jamais ce jour de 1982 où son employeur depuis une décennie lui demanda de lui dire ce dont son village catholique de Ngoye Ndeffongor avait le plus besoin. La remise du moulin que Pierre demanda pour les femmes de son village fut une occasion pour Kader Gaye, islamologue qui représentait son ami Djily Mbaye, d'animer une conférence sur le thème « le dialogue islamo-chrétien ». Ce moulin a fonctionné jusqu'en 2010, soit dix-neuf ans après la mort du donateur lougatois[60].

---

[60] Boughar Diouf. Entretien du 19 janvier 2011 à Louga.

9. L'ŒCUMÉNISME PERSONNIFIÉ

Une spécificité du Sénégal est que, malgré la diversité ethnique, confessionnelle et confrérique, on y observe une certaine unité nationale et une cohésion sociale que de nombreux pays lui envient. En homme intelligent qui avait beaucoup voyagé et beaucoup vu, Djily Mbaye avait compris que cette paix et cette stabilité étaient la principale richesse du pays.

Le milliardaire avait aussi un sens très élevé des relations. Particulièrement ouvert et tolérant, le fils de Mame Cheikh avait des amis de toutes conditions sociales, de toutes confréries et confessions. En cela, il n'a fait que suivre les traces de son père qui a toujours observé une attitude œcuménique dans ses relations avec les religieux du Sénégal et d'ailleurs. Djily Mbaye a gardé les liens avec les connaissances du père, au nom de cette valeur cardinale du *Kóllëre* (fidélité) et conformément au bon sens, aux préceptes de l'Islam et aux traditions sénégalaises.

Par ailleurs, il avait tissé des liens, à titre personnel, avec les différents chefs religieux du pays. Ces nouvelles amitiés, qui naquirent au gré de ses déplacements, se sont consolidées au fil des ans. Avec Serigne Abass Sall, El Hadji Djily Mbaye perpétuait la relation épistolaire qui existait déjà entre le « moqqadem[61] » tidiane et Mame Cheikh Mbaye. Et de raison, car, en 1946, peu avant son décès, Mame Cheikh avait attiré, à plusieurs reprises, l'attention de sa famille et de ses fidèles sur un lieu béni en face de sa demeure, sur le flanc est. Il n'avait eu de cesse de leur recommander de veiller à ce que cet espace alors inhabité ne servît de dépôt d'ordures. Une

---

[61] Disciple d'un haut rang.

inspiration divine, leur disait-il, l'avait avisé qu'un grand homme de Dieu occuperait les lieux dans un futur proche.

Le cheikh ne se limita pas à cette prophétie : il anticipa sa correspondance avec l'« inconnu » en confiant une lettre de bienvenue à l'une de ses filles répondant au nom d'Aïcha Mbaye, la chargeant de la faire parvenir à son destinataire dès que celui-ci s'installerait.

C'est deux ans plus tard, en 1948, qu'un érudit, issu d'une famille maraboutique respectée du Ndiambour, à la recherche d'un endroit calme et pur où il pourrait se consacrer à l'adoration de son Créateur, sur autorisation de l'administration coloniale, s'installa à cet endroit qui lui était prédestiné. Cet érudit, c'était Serigne Abass Sall, que plusieurs savants de la confrérie tidiane qualifient de fils spirituel du vénéré Aboul Abass Cheikh Ahmed Tidiane Cherif.

Un matin, la fille de Mame Cheikh vint trouver le marabout entouré de ses fidèles et de quelques hôtes venus de Tivaouane et lui donna la missive ainsi qu'un bœuf pour respecter la volonté de son défunt père qui lui avait demandé de remettre la lettre à son destinataire en même temps qu'une bête à la viande halal si cela était possible. Cette anecdote, racontée à l'auteur par Serigne Abdoul Aziz Sall, fils de Serigne Abass, est confirmée par Baye Serigne Mbaye, petit-fils de Mame Cheikh.

Très au fait de cette histoire, Djily Mbaye voua une grande affection à l'érudit qui la lui rendait bien. Au moment où ce dernier initiait, en 1979, la construction de l'institut islamique *Al Hanafiya*, Djily Mbaye fournit 2000 briques en terre cuite et des charges de béton pour le démarrage des travaux. En 1980, il accompagna Serigne Abass en Côte-d'Ivoire et le présenta au président Houphouët-Boigny. Une solide et durable relation venait de se nouer entre l'érudit et le Président ivoirien de l'époque qui payait les frais de séjour du marabout tidiane qu'il logeait au tout nouvel Hôtel Ivoire d'Abidjan chaque fois qu'il allait en Côte d'Ivoire.

De plus, chaque fois que Serigne Abass Sall se trouvait au Maroc pour se recueillir au mausolée de son guide, Serigne Djily

Mbaye, qu'importe la durée du voyage, prenait en charge tous les frais de séjour. C'est d'ailleurs lui qui suggéra à l'érudit de quitter son hôtel habituel, Extenso, pour L'Ambassadeur de Casablanca qu'il trouvait plus commode pour des personnes de son âge et de son statut.

Serigne Abass Sall était très écouté et respecté de Djily Mbaye. En effet, les deux voies qui relient le monument Baabu Salaam au château devaient initialement être prolongées jusqu'au rond-point du garage de Potou, soit 500 mètres plus loin, pour ensuite rejoindre la route de Keur Momar Sarr. Le projet était d'ailleurs bien parti vu que Fallou Lô avait été chargé par Djily Mbaye de convaincre les familles dont les habitations étaient sur le tracé de la seconde voie à aménager de céder leurs parcelles. En échange, l'initiateur du projet leur garantissait un logement adéquat dans un autre quartier, ainsi qu'une somme d'argent considérable en guise de dommages et intérêts.

Il ne fut pas difficile de convaincre les populations, mais, Serigne Abass, qui était propriétaire d'un grand terrain sur l'espace qui intéressait le milliardaire, envisageait d'y construire une école arabe. Fallou Lô rendit compte à Djily Mbaye de cette situation. Le sage milliardaire lui dit aussitôt : « Pas un mot à Serigne Abass sur mon projet qui visait seulement à embellir le quartier. Son ambition est de loin plus noble que la mienne. D'ailleurs, je vais contribuer à l'édification de son école, car une école vaut bien mieux qu'une route. » Sur le site, près du château de Bagdad, trône aujourd'hui le premier grand institut islamique de l'Afrique de l'Ouest.

Autre anecdote révélatrice de la considération que Djily Mbaye vouait à Serigne Abass : quand, au retour d'un voyage, il apprit que le maire, Moustapha Cissé, entendait réaliser un espace de divertissement pour la jeunesse sur un site proche dudit institut, il s'y opposa catégoriquement, pensant qu'il était illogique de construire un endroit destiné au divertissement près du lieu où Serigne Abass était en train d'édifier une école islamique et une mosquée. Il appela aussitôt le maire et lui dit que, si la commune l'y autorisait, il bâtirait sur le terrain quelque chose de plus compatible avec les chantiers de Serigne Abass. L'accord obtenu, le milliardaire-bienfaiteur y fit construire, en 1979, *Kër Mohamed*.

Enfin, après le rappel à Dieu du saint homme en juillet 1990, Djily Mbaye, bien que malade, tint à aller présenter ses condoléances à la famille. À l'évidence, il était très affecté par la perte de ce dignitaire tidiane qui a participé, à travers la religion, au triomphe de la région qu'ils avaient en partage.

Pour Djily Mbaye, que Serigne Abass ait été enterré à Louga, précisément à Santhiaba-Centre, est une chance pour la ville. En effet, il dit après l'enterrement : « S'il avait été inhumé à Nguick, son village natal, je ferais des pieds et des mains pour qu'il nous revienne ! » Huit mois seulement après la disparition d'El Hadji Abass Sall, El Hadji Djily Mbaye alla le rejoindre dans l'au-delà.

Une autre grande figure religieuse, El Hadji Abdou Aziz Sy Dabakh, le calife de Tivaouane, fut aussi côtoyée par l'homme de Bagdad. Entre eux, s'était établie une grande complicité renforcée par leurs liens de parenté[62] et par la solide relation qu'entretenaient leurs illustres pères. Leurs rapports amicaux remontent à la jeunesse du Lougatois. Le fils d'El Hadji Malick Sy appréciait l'humilité de Djily qui, quant à lui, était séduit par l'éloquence et par l'intégrité du calife.

Ils se rendaient mutuellement visite et fréquemment. Du reste, les lendemains de Gamou de Tivaouane, Serigne Abdou venait se reposer dans la résidence de Djily Mbaye, à l'invitation de ce dernier. Des fois, le riche Lougatois emmenait le calife général des Tidianes à l'étranger, dans des localités propices au repos comme le Maroc.

Le mécène soutenait également le fils de Maodo dans la réalisation de certains de ses projets. Par exemple, El Hadji Djily a participé aux travaux d'agrandissement de la grande mosquée de Tivaouane, à hauteur de 120 millions. Son souhait était même

---

[62] Pour preuve, Mame Safiétou Mbaye, fille de Mame Cheikh, porte le nom de la mère de Serigne Abdou.

d'assurer tout le financement et de rendre la mosquée « clés en main », mais son ami calife avait préféré permettre à tout talibé qui le souhaitait de pouvoir apporter sa contribution, aussi minime soit-elle, au projet.

Les deux amis étaient également liés par une connivence spirituelle, mystique. En effet, Serigne Abdou a confié à sa famille qu'un jour qu'il s'était rendu nuitamment à Louga, juste après avoir clôturé la cérémonie du Mawlid à Tivaouane, il a vu le Prophète Mohamed (Psl) une fois arrivé au palais. En outre, lors d'un séjour médical à l'étranger, Serigne Abdou aurait reçu, en état de veille, la visite de son guide spirituel, Cheikh Ahmed Tidiane Cherif. Mais le plus bouleversant dans tout cela est qu'auparavant, Djily Mbaye lui aurait dit au téléphone : « Je sens venir votre hôte de marque !»

À la mort de l'illustre milliardaire, en 1991, Dabakh est l'une des personnalités religieuses informées dans la minute qui a suivi le triste évènement. Il est aussi l'une des dernières personnes à qui le défunt s'était confié. Quinze jours avant le décès de son ami, Serigne Abdou était venu de Tivaouane lui rendre visite. Arrivé vers dix heures, il fut installé par Fallou Lô au palais, précisément à la villa Ndèye Katy Diop (du nom de la première épouse du maître des lieux).

Toutefois, Dabakh, ne voulant pas fatiguer le patient, avait dit être venu dans la seule intention d'organiser une séance de prières à son intention, avec le concours de sa délégation, et qu'aussitôt après, il regagnerait la cité religieuse de Tivaouane. Il insista pour qu'on ne dérangeât pas outre mesure le malade.

Mais lorsque Djily Mbaye fut mis au courant de cette visite, il insista pour recevoir le calife. « S'il ne vient pas à moi, je vais le trouver là où il est[63] », avait-il décidé. Alors Dabakh et sa délégation furent conduits par El Hadji Fallou Lô auprès du malade.

---

[63] Les détails de la dernière visite de Serigne Abdou Aziz Dabakh à Djily Mbaye m'ont été racontés par son fils aîné Mame Cheikh Mbaye lors de mon entretien avec lui du 8 mars 2012 à Dakar.

À peine installé, le calife dit au malade : « Mon cher El hadji Djily, je suis venu aujourd'hui m'enquérir de l'état de ta santé. Cela me préoccupe beaucoup, car nous sommes unis par Dieu. » Entre autres propos, il ajouta : « Doutant de l'origine licite de la fortune de beaucoup de riches de ce pays, je décline toujours leurs dons, quelle qu'en soit la valeur. En revanche, toi, tes dons, je les ai toujours acceptés volontiers. » Après ces compliments, il conclut : « Je prie constamment pour ton rétablissement, car ta vie fait honneur aux musulmans. »

Très touché par ces propos du marabout de Tivaouane, celui de Louga lui adressa ses chaleureux remerciements et lui fit cette confidence : « J'ai espéré mourir à Médine, car c'est au complexe Green Palace Hôtel où je résidais lors de mon dernier petit pèlerinage (Umra) que j'ai senti les premières alertes de cette maladie. Seul dans ma suite, j'ai écrit promptement une missive à mon ami le roi Fahd. J'ai fermé l'enveloppe et l'ai mise sous mon oreiller, me disant qu'on la trouverait si je venais à mourir. Dans cette lettre, je demandais au Serviteur des Deux Saintes Mosquées de m'accorder la faveur d'être enterré à Bakhiya, auprès d'Ousmane (le troisième calife de l'Islam). Mais, à mon réveil, je ne ressentais plus rien et j'ai regagné aussitôt le Sénégal. » Il termina par ces mots : « Je sais que la mort est proche et j'accepte avec bonheur la volonté divine, car je ne regrette rien dans ma vie. Je rends plutôt grâce à Dieu de m'avoir donné une fortune licite et propre, mais aussi et surtout de m'avoir mis à l'abri de la tentation d'investir un seul sou de cette fortune dans une activité qui ne soit pas bénie au regard de l'Islam. » En raccompagnant le vieil hôte, Fallou Lô recueillit de lui cette confidence : « En vérité, je connais bien l'issue de sa maladie, mais il le sait mieux que moi et l'accepte avec une foi étonnante. »

Mais, dans la cour de Maodo, Dabakh n'était pas le seul ami de Djily Mbaye. Serigne Habib Sy aussi lui était proche. D'ailleurs, il arrivait au milliardaire de supporter les frais médicaux de ce dernier à l'hôpital américain de Paris, lors de la longue maladie qui l'a finalement vaincu en 1992.

Les relations entre la famille Mbaye et celle du fondateur du mouridisme remontent à très loin dans le temps. Déjà, Mame Cheikh Mbaye, le père de Djily Mbaye, a des liens de parenté avec Mame Diarra Bousso, mère de Khadim Rassoul. En effet, ils sont issus de la grande famille Gondiokh qui est l'une des lignées maternelles qui pouvaient régner sur le Cayor et le Baol. (Voir annexe n°6).

Ces liens de sang ont, par la suite, été renforcés par les liens sacrés scellés entre la sœur aînée de Djily Mbaye, Oumy Mbaye, et Serigne Fallou Mbacké, mais avant ceux-ci, entre son père, Mame Cheikh Mbaye, et Sokhna Faty Dia Mbacké, la fille aînée du guide du mouridisme.

De plus, Cheikh Ahmadou Bamba a enseigné la grammaire arabe et la théologie à Mame Cheikh qui partageait avec lui sa vision de la philosophie soufie. D'ailleurs, le fondateur de Touba, convaincu de la haute dimension spirituelle du père de Djily Mbaye, le lui affirmera à maintes reprises. La solidité de leurs relations fit que Bamba eut à élever deux des fils de Mame Cheikh dans sa cour, notamment Serigne Modou Alima puis Serigne Mor Mbaye.

Les étroites relations entre Djily Mbaye et Serigne Cheikh Mbacké s'inscrivent dans cette tradition. Serigne Cheikh a contribué à inspirer à Djily Mbaye le goût du travail et l'a mis en relation avec plusieurs autorités étatiques de l'Afrique dont le roi Hassan II. À l'étranger, Serigne Cheikh usait de ses relations et de son prestige pour frayer le chemin à son filleul de commerçant. C'est aussi sur proposition de l'homme de Taïf que Djily Mbaye épousa la très raffinée Saint-Louisienne, Aminata Sourang. À Louga comme à Dakar, Djily Mbaye aimait aussi exposer dans ses pièces personnelles des portraits géants de son ami Gaïndé Fatma dont il dit en 1978, quand ce dernier quitta ce bas monde : « Son semblable en gentillesse ne vit pas ici-bas. »

Cette oraison funèbre traduit à bien des égards la gratitude infinie qu'il ne cessa de nourrir à l'endroit du défunt. C'est à ce titre qu'il assista moralement et financièrement la famille de ce dernier dans l'organisation de sa succession, conformément au droit islamique. D'abord, il paya la totalité des dettes de l'illustre disparu[64]. Ensuite, pour éviter que, pour les besoins du partage entre les ayants droit, certaines propriétés, notamment immobilières, soient vendues à des tiers, Djily Mbaye acheta à l'aîné, Serigne Mbacké Sokhna Lô, les résidences de feu son père qui l'intéressaient à savoir celles de Touba, Kaolack, Saint-Louis, Louga et Dakar. Il facilitait du coup l'héritage, car il est plus facile de partager de l'argent que de partager des biens immobiliers.

Djily Mbaye avait aussi des relations particulières avec Serigne Abdoul Ahad Mbacké. Déjà, lorsque, très jeune, le milliardaire en devenir faisait du commerce à Kaolack, il était encadré par celui qui deviendrait plus tard calife général des mourides et qui, très tôt, a été fasciné par le courage de son protégé. Ce mentor attentionné est même allé jusqu'à Conakry rendre visite au jeune commerçant qui s'y était établi pour chercher une fortune qui ne venait pas encore.

Les relations entre les deux hommes étaient tellement étroites et sincères qu'avant que Serigne Abdoul Ahad ne décède, il autorisa le milliardaire à payer toutes ses dettes[65].

Il avait des liens avec d'autres confréries comme celle des layénes ou celle de son saint homonyme, les khadres. La mosquée des layènes à Yoff a bénéficié de ses largesses et il a rénové la mosquée khadre de l'avenue Félix Faure de Dakar. Il avait aussi considérablement contribué à la reconstruction de la zawiya où repose Cheikh Abdou Qadîr Al Jilâni à Bagdad.

---

[64] Serigne Cheikh Astou Faye Mbacké. Entretien du 11 mars 2012 à Touba.
[65] Avant d'autoriser Djily Mbaye à payer ses dettes, Serigne Abdoul Ahad lui avait fait cette confidence : « Le compte de Serigne Touba que je gère dispose de suffisamment d'argent, mais ça ne m'appartient pas à moi, mais à la communauté mouride. »

Et si ses coreligionnaires ne cessaient de louer ses qualités de musulman modèle, les chrétiens, avec qui il avait de bons rapports, l'appréciaient tout autant. En effet, en plus de s'être lié d'amitié avec l'évêque Pierre Sagna de Saint-Louis, Djily Mbaye, homme tolérant et prônant le dialogue entre les religions, avait des relations personnelles avec le chef suprême de l'Église catholique, en l'occurrence Son Eminence le pape Jean-Paul II. Le milliardaire lui rendait souvent visite au Vatican.

Du fait de l'étroitesse de leurs relations, vingt jours avant la mort du Lougatois, le Pape lui envoya une médaille en argent en signe de commisération. C'est Élisabeth Diouf, épouse du successeur de Senghor, qui reçut le cadeau qu'elle lui fit parvenir à Louga.

Djily Mbaye comprenant ce qu'un tel cadeau, vu sa provenance, pouvait représenter pour un catholique, appela un de ses employés catholiques, Pierre Boughar, et lui dit : « Votre gentil guide m'a envoyé ce cadeau pour me témoigner sa commisération. Jouissez-en à tour de rôle à raison de deux nuits chacun. Après ma mort, je te charge de le rendre à Madame Diouf. »

Ces consignes furent respectées à la lettre. Aussi, la médaille a-t-elle eu le temps de passer entre les mains de tous les catholiques du château avant la mort du maître des lieux. Après cette disparition, Pierre Boughar remit la médaille bénie à Élisabeth Diouf, de passage à Louga.

Ses relations avec ses employés catholiques étaient des plus conviviales. Chaque fête de Pâques, il demandait à son personnel catholique de passer le voir juste avant d'aller à la messe, histoire de les complimenter au sujet de leur toilette. « Vous ressemblez à des ministres ! », lançait-il à son cuisinier Jean-Marie et à son majordome Pierre Boughar.

Toutes les occasions étaient bonnes pour faire un geste à leur endroit. À Pâques, il leur donnait aussi de l'argent pour, disait-il, acheter des chandelles. « Ce qu'il nous donnait pouvait même servir à acheter aussi des poulets », se rappelle le majordome.

L'attitude œcuménique de cet humaniste lui a valu, au lendemain de sa disparition, ce beau témoignage de la revue annuelle du dialogue islamo-chrétien, *Islamochristiana* : « (…) homme riche, simple et pieux et d'une implacable cohérence dans sa foi musulmane (…) ».

10. UNE GÉNÉROSITÉ LÉGENDAIRE

« La richesse consiste bien plus dans l'usage qu'on en fait que dans la possession. » Aristote l'a dit, Djily Mbaye l'a illustré. En effet, Djily Mbaye savait que « tout ce qui n'est pas donné est perdu. » Déjà, jeune pensionnaire du *Daara* de Coki, il partageait avec ses condisciples tout ce que les commerçants, disciples de son père, lui offraient.

Plus tard, jeune colporteur, quand son père voulut savoir pourquoi il avait choisi le commerce comme métier, on se rappelle qu'il lui répondit, entre autres, que le commerce était pour lui un moyen pour aider la famille et les impécunieux.

Fallou Lô raconte qu'un jour, alors qu'il n'était encore que vendeur de sel en gros, il s'apprêtait à retourner à Dakar à bord de sa *Fiat*, après quelques jours passés à Louga. Comme on était au mois de ramadan, il fit un tour dans une épicerie du centre-ville en compagnie de son ami Serigne Niomré Lô, pour acheter de quoi rompre son jeûne si l'heure de la rupture le trouvait en route.

Ce jour-là, tous ceux qui faisaient leurs courses dans cette supérette au même moment ont vu leurs achats payés par cet « inconnu ». À la sortie, grande a été la surprise de son ami quand Djily Mbaye lui dit : « Tu vas me prêter trois mille francs pour acheter du carburant, car je n'ai plus un sou par-devers moi[66].»

Émule du Prophète Mouhamed dont la générosité redoublait en période de ramadan, Djily Mbaye, de 1982 à sa mort, distribuait, à l'approche du mois de ramadan, des tonnes de mil aux populations de son fief et du Sénégal, à raison de deux sacs par père de famille. Plus tard, il remplacera le mil par le riz que les

---

[66] Fallou Lô. Entretien du 1er décembre 2010 à Louga.

bénéficiaires préféraient. Les familles religieuses (Médina Baye, Thiénaba, Ndiassane, Mpal, Coki, Darou Mouhty, Fass Touré, etc.) n'étaient pas laissées en rade dans cette distribution. En effet, chacune d'elles recevait 10 tonnes de mil et 5 de riz.

De plus, pour alléger les difficultés d'approvisionnement en eau potable des habitants du monde rural dont il est issu, il finança une série de forages dans bon nombre de villages du Djolof et du Ndiambour : Kelle Guèye, Thiaméne, Mbayène Thiasdé (son village paternel), Coki…

Ces actions en direction des communautés ne le dispensaient pas de faire face à des sollicitations individuelles : payement de frais médicaux, de factures d'eau et d'électricité... Selon Fallou Lô, rares étaient les visiteurs de Djily Mbaye qui ne recevaient rien de lui au moment de se retirer.

Homme serviable, il était un mécène. Ainsi, en 1984, quand la mythique troupe folklorique, le Cercle de la jeunesse de Louga[67], après avoir conquis toutes les scènes du monde décida d'organiser le Festival international de folklore de Louga (Fifol), ses responsables exprimèrent leur désir de le rencontrer pour lui en parler. L'objectif des membres de la troupe était de faire venir, à leur tour, à Louga, les artistes et acteurs culturels occidentaux qui les conviaient à leurs rencontres culturelles. Le milliardaire-mécène animé par le même amour qu'eux pour Louga, reçut au château quelques membres de la troupe : Mademba Diop, Abdou Khadre Niang, Abiboulaye Camara, Baba Diallo, Ibou Diagne, Birahim Dieng, El Hadji Dame Faye, accompagnés par Ibrahima Lamine Tandian, gouverneur de Louga à cette époque. Après leur avoir offert un excellent banquet, Djily Mbaye les reçut dans sa case personnelle[68].

Mademba Diop, grand homme de culture, par ailleurs président de la troupe, exposa le motif de leur visite. Après avoir

[67] Troupe de ballet et de théâtre créée le 1er juillet 1951 par Mademba Diop et quelques amis. Elle est l'une des formations artistiques qui ont donné ses lettres de noblesses à la culture sénégalaise.
[68] Birahim Dieng. Entretien du 30 novembre 2010 à Louga.

bien écouté son interlocuteur, Baye Djily salua l'initiative, puis demanda à ses interlocuteurs à combien s'élevait la participation du président Diouf. Il s'entendit répondre : « Trois millions de francs CFA. »
— « Alors, j'ajoute trois autres millions ! », dit-il.

En plus de cette contribution financière, le temps de ce premier festival, ancêtre du Fesfop, Djily Mbaye mit une partie de son château à la disposition des festivaliers qui, au moment de rentrer, avaient eu l'honneur de partager un dîner avec le milliardaire qui en profita pour leur offrir à chacun une enveloppe.

L'homme d'affaires a toujours montré la même disponibilité face aux sollicitations du Conseil de la jeunesse de Louga, pour l'organisation de la Caravane de la Jeunesse ou de la Semaine nationale de la jeunesse du Sénégal. Il en faisait de même pour l'Asac Ndiambour, le club phare de football de la ville.

Si Djily Mbaye soutenait la Croix rouge sénégalaise, à lui seul, il était comme une organisation humanitaire. En effet, cet homme généreux n'a jamais pu rester indifférent devant la misère humaine. C'est ainsi qu'un jour, alors qu'il était en voiture en compagnie de son vieil ami Kader Gaye à Dakar, près du lycée des jeunes filles John F. Kennedy, il aperçut un père de famille qu'un huissier, commis par sa banque, venait d'expulser de sa maison. L'homme en proie au désespoir était dehors, devant son « ancienne » maison, avec sa famille et leurs bagages. Djily Mbaye s'enquit discrètement de la situation.

Arrivé à son bureau sis au Building des Allumettes, il confia à Kader Gaye la mission de décanter la situation en lui donnant la somme requise pour tirer d'affaire ce père de famille de Colobane qu'il ne connaissait pas.

Monsieur Gaye, après avoir accompli la mission dont il était chargé, revint quelques heures plus tard rendre compte : « C'est réglé ! Il a regagné sa maison, mais je connais bien cet homme : c'est un voyou[69] ! » Pour toute réponse, le futur propriétaire du Building

---

[69] Kader Gaye. Entretien du 10 juillet 2011 à Dakar.

des Allumettes lui tendit une enveloppe de 250.000 francs CFA, avec ce commentaire : « Dans ce cas, il a certainement d'autres problèmes. Va lui remettre cette enveloppe. »

Après avoir décanté cette situation complexe, le bienfaiteur à la grande ouverture d'esprit médita sur le sort des personnes endettées. Conscient que beaucoup de « *góogóorlu* » (débrouillards) étaient au quotidien dans cette situation d'impasse financière, il chargea, le même jour, son ami et fondé de pouvoir de faire le tour des banques pour qu'on lui fasse un listing des clients endettés et mauvais payeurs. Une fois en possession de la liste, le bienfaiteur se chargea de payer, à leur insu, les arriérés des cas les plus critiques.

Au rang de ces personnes endettées, il y avait un boulanger dakarois, débiteur de 75 millions à l'Union sénégalaise des banques pour le commerce et l'industrie (USB) et un commerçant qui avait fait, lui, un emprunt de 35 millions. Ces deux hommes d'affaires ne vont connaître Djily Mbaye qu'après la notification par la banque de la régularisation de leur situation. Cette opération a permis également de sauver les héritiers d'une grande personnalité qui, à sa mort, devait 35 millions à sa banque qui était sur le point de saisir ses biens.

Il n'est pas possible de dresser une liste exhaustive des bonnes actions de cet homme de bien. Lui-même n'en parlait jamais. Ce sont toujours des bénéficiaires ou des témoins qui les révélaient. Lui, il oubliait ses dons aussitôt qu'il les avait faits. D'ailleurs, ce n'est qu'après son décès que la plupart de ses bienfaits ont été racontés par d'anciens bénéficiaires qui voulaient jouer leur partition dans le concert des témoignages. Le regretté journaliste Ibrahima Fall, dans la semaine qui a suivi le décès du serviteur des humbles[70], a écrit à son propos : « Il a soulagé, à la pelle, la misère des petites gens, qui en ses diverses résidences se pressaient sans jamais ressentir les malheureux ressacs de l'arrogance quasi consubstantielle des nouveaux riches. »

---

[70] « Au service des humbles ». *Sud-Hebdo* n° 149 du 21 mars 1991. P. 7.

Cette attitude est due au fait que le milliardaire emblématique avait fait sienne cette devise : « Lorsque j'aide une personne, cela m'est égal qu'il soit athée, musulman, noir, blanc ou même soulard. Je laisse derrière la couleur de peau, la langue, la religion. Chez moi, c'est l'être humain tout court qui a de la valeur d'autant que Dieu a fait de l'homme Sa créature élue. »

Naturellement, ses bonnes actions n'auraient pas de sens si le bienfaiteur ne les commençait pas dans sa propre famille. Djily Mbaye avait trois épouses : Ndèye Katy Diop, la cousine du président Diouf[71], qu'il a connue durant la période des vaches maigres, Ami Collé Sourang et Ndèye Sokhna Camara, sa troisième femme avec qui il n'a pas eu d'enfant. Si les deux premières sont ses parentes proches (voir annexes n°4 et n°5), la troisième, elle, est la sœur de son ami commerçant, Alioune Camara.

Fils du soufi Mame Cheikh et soufi lui-même, il n'a choisi aucune de ses épouses au hasard. Chacune d'elle est pétrie de vertus et il ne manque aucune occasion de leur témoigner sa sincère satisfaction en public.

Iyane Thiam, dans un entretien qu'il a bien voulu nous accorder le 15 mars 2012, se rappelle que, satisfait de ses trois dames dévouées, Djily Mbaye dit, d'abord de Ndèye Katy Diop : « Si j'avais à choisir une autre mère, je ne pourrais pas trouver mieux qu'elle ! » ; d'Aminata : « Je ne sais pas qui a la mère la plus méritante entre Moussa (son fils aîné avec Aminata) et moi ! » ; enfin de Ndèye Sokhna : « J'éprouve une profonde bienveillance envers elle ! »

En polygame respectueux des principes qui régissent la polygamie en Islam, il avait logé ses trois épouses dans de luxueuses villas, du même standing, à l'entrée du château.

Époux équilibré, Baye Djily était aussi un père modèle, à l'image de son propre père. Il s'occupait bien de ses enfants, les

---

[71] Coumba Dem (mère d'Abdou Diouf) et Rokhaya Kébé (mère de Ndeye Katy Diop) sont les filles respectives des sœurs Yacine Gaye Massar et Arame Gaye Massar.

envoyait en vacances à l'étranger, au Maroc notamment, et tenait particulièrement à leur instruction et à leur éducation. Aussi, quoique fils de marabout et marabout lui-même, a-t-il tenu à envoyer ses enfants à l'école du *Toubab*. Deux de ses fils, Mame Cheikh et Moussa, sont passés par le Prytanée militaire de Saint-Louis, cette structure où les « enfants de troupes » sont formés dans la rigueur militaire. Si ces deux enfants ont pu réussir avec brio au prestigieux concours d'entrée au Prytanée militaire de Saint-Louis, c'est surtout parce que le père avait créé toutes les conditions, se disant que cette école préparerait ses enfants à leur mission future.

Le milliardaire de Louga veillait aussi scrupuleusement à donner une éducation coranique rigoureuse à ses enfants. Dès le bas âge, il les envoyait chez son camarade de promotion Ahmad Moubarack Lô qui, finalement trop pris par ses charges de directeur de l'école Manâr al-Hudâ, confia leur formation à un certain Moustapha Guèye.

Les enseignements du Coran et du français assurés, Djily Mbaye s'engagea à faire le reste lui-même : inculquer les valeurs morales à ses enfants, inculquer à sa famille le sens du partage et de la solidarité. Aussi certains d'entre eux s'activent-ils depuis la mort de leur père dans de nombreuses actions de bienfaisance et, la concorde familiale, qui était un de ses plus chers vœux, est une réalité intangible chez les Mbaye. Aujourd'hui, l'entreprise familiale prospère entre les mains de ces enfants unis, contrairement à bien d'autres qui s'écroulent une fois le chef de famille disparu. Le père avait tôt compris que le meilleur trésor qu'un père puisse laisser à ses enfants c'est de leur donner une bonne éducation.

Son frère cadet, le 4e calife, Serigne Abdou Salam Mbaye, affirme être allé pour la première fois en pèlerinage à la Mecque aux frais de son grand frère[72] ; à son autre frère, Serigne Sam Mbaye, il offrit une école clés en main.

---

[72] Abdou Salam Mbaye. Entretien du 19 janvier 2011 à Louga.

Ces deux actions ne signifient rien comparativement aux terrains viabilisés (à Louga et à Dakar) et villas équipées offertes à tous ses frères et sœurs. Dans toutes ces maisons, il assurait la dépense quotidienne et payait les factures d'eau et d'électricité.

À sa demi-sœur, Soda Touré, il offrit des biens immobiliers dans la capitale sénégalaise, notamment au Marché Sandaga. Il a offert aussi des voitures de qualité à tous ses frères, à leurs fils, à ses neveux et à ses cousins. De toute évidence, Mame Cheikh Mbaye savait pourquoi il avait autorisé son fils à faire le commerce !

On peut s'étonner que celui qui a investi dans tant de mosquées n'ait pas agrandi et rénové celle de Santhiaba où repose son père. Le fait est que le milliardaire respectait par là une volonté de son grand frère, le calife Serigne Ibra Mbaye. Ce dernier avait préféré conserver la mosquée dans son état originel pour, disait-il, honorer la détermination des *taalibe* qui avaient, avec dévouement, participé à sa construction dans une période difficile.

Mansour Gaye

11. UN HOMME DE VERTUS

« Gagne d'abord de l'argent ; la vertu vient après », fait-on dire à Horace. La trajectoire de Djily Mbaye semble plutôt nous apprendre qu'« aux âmes bien nées », la vertu passe avant l'argent. En effet, pour ce milliardaire aux origines à la fois maraboutiques et princières, la manière d'avoir et l'usage que l'on fait de cet avoir importent plus que l'avoir en tant que tel.

Chez cette grande âme, l'avoir, précédé par la naissance, le savoir et le savoir-être, n'est qu'un auxiliaire au service de la vertu, car, dans un sens, Boileau n'avait pas complètement tort de dire : « La vertu sans l'argent n'est qu'un meuble inutile. » La bénédiction de son père a fait le reste. Si son père l'a autorisé à continuer dans le commerce après l'avoir béni, c'est parce qu'il a tôt senti que le jeune Djily Mbaye était *vacciné*, immunisé contre tous les risques d'un tel métier.

À travers la réponse que lui servit son fils pour justifier son choix, le père a lu toutes les valeurs que la formation reçue dans le cadre familial et à « l'école de Coki » tendaient à installer en lui : sens des responsabilités et de l'honneur, détermination, générosité, acceptation de l'autorité, entre autres. Dès lors, il ne restait à Mame Cheikh qu'à prier pour ce fils au destin prometteur, et nul doute que les prières du père ont opéré.

Toutefois, chez le musulman, si l'instruction va du berceau au tombeau, l'éducation, elle, commence avant même la naissance. Et cela, ce n'est pas à un soufi comme Mame Cheikh, le père de Djily Mbaye qu'on l'apprend. L'éducation du futur millionnaire vertueux a commencé par le choix de celle qui allait lui donner naissance. Né d'une mère bien née et vertueuse, Djily Mbaye a grandi à l'ombre d'un père rigoureux et exigeant.

Chez les Mbaye, en effet, la vie était régie par des règles strictes. Tous les jours, il fallait se rendre, matin et soir, chez le maître coranique Baye Mbaye Touré et mémoriser sa leçon de la journée, ne sortir de la maison que quand on avait une bonne raison et après avoir demandé et obtenu la permission, ne pas rentrer à une heure tardive quel que soit le motif de la sortie, dormir tôt et se lever dès le premier appel du muezzin, à l'aube, prier à l'heure…

Chez les Mbaye, aucun écart de conduite n'était toléré, et il était exigé de tous ceux qui y vivaient une saine conduite faite de pudeur, de modération dans le langage, de respect et d'obéissance aux aînés…

Voilà l'atmosphère dans laquelle Djily Mbaye vivra pendant des années. Il n'en est sorti que pour entrer dans une autre école, où la discipline est encore plus rigoureuse, le *Daara* de Coki. Déjà, rien que la séparation d'avec la famille à bas âge était une épreuve en soi. Mais de quitter sa famille de sang pour en intégrer une autre, composée de personnes venant des horizons les plus divers, développe chez l'enfant la tolérance et la solidarité entre autres qualités morales.

Pour le jeune Djily Mbaye en particulier, issu d'un milieu pas trop défavorisé, descendant d'une lignée patricienne, le *daara*, en raison de la vie précaire qu'on y mène, est à la fois une école de l'endurance et de l'humilité. Ainsi, on peut dire que Djily Mbaye, sorti des mains d'Ahmed Sakhir Mbaye, son père, et d'Ahmed Sakhir Lô, son maître coranique de Coki, était, avant l'âge, un homme accompli.

Très tôt satisfaits de lui, ses deux précepteurs l'ont béni ; et cette bénédiction n'est pas la moindre de ses armes. Aussi, à un âge où aller à l'aventure, surtout hors de son pays, expose à toutes les dérives imaginables, Djily Mbaye a-t-il parcouru presque toute l'Afrique : Guinée, Cameroun, Côte-d'Ivoire, Tchad… et en est revenu intact.

Cette prouesse était d'autant moins évidente que, de la personne du jeune Mbaye, se dégageaient une prestance et un charisme qu'accentuaient sa grande taille et sa forte silhouette. Son visage rond et avenant, était toujours illuminé par un beau sourire qui mettait en évidence ses zygomatiques. Simple et élégant, le marabout de Louga soignait sa toilette jusqu'au plus petit détail.

Un de ses amis de longue date résume la personnalité de l'homme par ces mots : « Djily ressemble beaucoup à Youssouph de par sa beauté, sa sagesse et son pouvoir. » Des témoignages de ce genre sur Djily Mbaye foisonnent.

Pour Bamba Dièye qui a été son chargé de mission et qui l'a toujours considéré comme un père, ce qui frappe chez ce pater familias, c'est qu'il ne fait aucune distinction entre ses propres enfants et ceux, nombreux, placés sous son autorité. Il se rappelle : « Alors que j'étais à l'école primaire, j'avais décidé d'arrêter les études. Le « vieux » (Djily Mbaye) s'y opposa de manière catégorique. Et, pour me contraindre à aller suivre les cours, il vérifiait par lui-même pour s'assurer que j'étais bien parti à l'école. D'ailleurs, poursuit-il, Mame Cheikh, son fils aîné, affirme souvent que leur père tenait plus à mon éducation qu'à la leur. »

Cette attention qu'il accordait à autrui fait qu'à la disparition de Baye Djily, certaines personnes se sont senties plus orphelines que ses propres enfants.

Une autre qualité de Djily Mbaye qui a retenu l'attention de Bamba Dièye est la ponctualité et le respect de la parole donnée, comme en témoigne cette anecdote racontée par l'ancien chargé de mission du milliardaire : « Ce jour-là, une plaie qu'il avait au ventre (séquelle d'une opération chirurgicale subie aux États-Unis) saignait. Je lui recommandai d'aller sur-le-champ à l'hôpital, mais il me rétorqua qu'il avait un rendez-vous à midi et qu'il préférait l'honorer avant d'aller se soigner. »

Birahim Sow, vigile au château de Louga depuis 1982, soutient que Djily Mbaye était un homme ouvert, accessible et très respectueux de la personne humaine. Monsieur Sow témoigne :

« Lorsque Baye Djily se trouvait à Louga, nous nous donnions beaucoup de mal à contenir le flux de visites intempestives. Mais, j'ai fini par comprendre qu'il était inutile de filtrer les entrées ou de lui préciser l'identité du visiteur. Il recevait tout le monde. Il ne fixait pas non plus le nombre de personnes à recevoir. »

Naturellement, cette sollicitude envers autrui profitait d'abord au personnel de Djily Mbaye. Ass Malick Samb, autre membre du personnel du château de Louga, magnifie, pour sa part, la simplicité et l'humilité de celui qui fut son employeur. En effet, Djily Mbaye, en sus de leur salaire mensuel qui ne souffrait d'aucun retard, en entrepreneur averti, anticipait sur leurs besoins. Parmi ses nombreuses actions figurent la prise en charge de leurs frais médicaux, les dons de vivres à leurs familles respectives, l'octroi de terrains à certains et la mise à disposition d'un appartement de service à d'autres.

Par exemple, Boughar Diouf, après avoir longtemps vécu avec sa famille dans le petit palais, finit par recevoir de Djily Mbaye un appartement neuf et équipé. Il arrivait aussi à Djily Mbaye d'augmenter les salaires du personnel sans pour autant en recevoir la requête, en sus des primes accordées en fonction du travail effectué ou de l'ancienneté. Avec cette stratégie de motivation du personnel de son château et de ses entreprises, il faisait bien mieux que beaucoup d'experts en gestion des ressources humaines de nos jours.

En plus de cela, aucun repas individuel ne lui était réservé pour le déjeuner ou le dîner. Il partageait en effet ses repas avec ses employés.

Toutes les personnes qui ont eu à partager un repas avec lui sont surtout frappées par le respect quasi religieux qu'il avait pour la nourriture. Imam (Aliou) Lô, fils d'un de ses meilleurs amis, El Hadji Malick Lô, lui, est frappé par le fait que, contrairement à beaucoup d'hommes de sa condition, Djily Mbaye restait attaché à la tradition. Pour illustrer son propos, il raconte : « J'ai partagé plusieurs repas avec lui et avec ses enfants. Il a toujours mangé à la main, comme il le faisait quand il était talibé au *Daara* de Coki, et exigeait que les enfants qui mangeaient avec lui en fassent de même. »

Nous ne nous attarderons pas sur sa légendaire générosité dont nous avons déjà parlé. Mais c'est ce trait de caractère qui a le plus marqué Fallou Lô qui raconte : « Il arrivait qu'il donne de l'argent jusqu'à ne plus en détenir par-devers lui. En pareils cas, c'était à moi d'aller vite à la banque lui retirer de l'argent sur un de ses comptes que je gérais. » Mieux, le grand voyageur qu'il était s'arrangeait pour laisser de quoi subvenir aux besoins des personnes dans le besoin, durant son absence. Ainsi il avait fait à Fallou Lô une procuration lui permettant de retirer, en cas d'urgence, dans ses réserves bancaires, de quoi satisfaire certaines demandes pressantes.

Sa prodigalité et son hospitalité sont également légendaires. Vers la fin de sa vie, lorsque le prince Sultan Ben Abdel Aziz Al Saoud, qui avait l'habitude de l'inviter à Médine après chaque mois de ramadan, envisagea de lui rendre visite, à son tour, à Louga, le marabout se promit de réserver un accueil chaleureux et un traitement royal à son hôte.

Pour les préparatifs, il chargea son bras droit, Fallou Lô, d'acheter le nécessaire : vaisselle, couverts et autres ustensiles… et 800 moutons pour l'occasion. Monsieur Lô se rappelle : « Lorsqu'il a dit 800 moutons, croyant avoir mal entendu, je lui ai redemandé le nombre de moutons qu'il me demandait d'acheter, et il a martelé : « Je dis bien 8 suivi de deux zéros ! »

Pour la satisfaction de cette grosse commande, Fallou sollicita les services du plus grand vendeur de moutons de Louga, un Mauritanien du nom de Sidy Kounta. Ce dernier dut aller en Mauritanie pour satisfaire son client. C'est ainsi que les 800 moutons seront livrés quelques jours plus tard à Djily Mbaye.

Mais alors que les préparatifs allaient bon train, le prince Sultan Ben Abdel Aziz Al Saoud annonça qu'une contrariété de dernière minute l'obligeait à annuler sa visite. Djily Mbaye annonça la nouvelle à Fallou Lô et lui demanda de garder les ustensiles pour d'autres circonstances et de donner 70 moutons à chacune de ses épouses.

Il voulait garder le reste des moutons jusqu'au Gamou suivant, mais son ami Mbarick Fall, dit Baye Mbarick, tenancier d'une rôtisserie très fréquentée à Dakar, lui proposa de les lui céder en promettant de lui livrer le même nombre de moutons à l'approche du Gamou. Djily Mbaye accepta la proposition.

Malheureusement, quelques mois plus tard, Baye Mbarick fut victime d'un revers de fortune et le Gamou le trouva dans une impasse financière. Il eut toutefois l'honnêteté d'expliquer la situation à son ami et créancier à temps. Djily Mbaye comprit et effaça tout bonnement la dette de son ami. Mieux, le milliardaire continua de faire confiance à son ami en commandant chez lui le bétail nécessaire, à chaque édition du Gamou.

Le fait est que Djily Mbaye était indulgent même à l'égard de ses ennemis. Ainsi, dans les années 80, le journaliste Boubacar Diop, directeur fondateur d'un influent bimensuel de l'époque, *Promotion*, était hostile à l'homme de Bagdad et des milieux d'affaires sénégalais dont il prétendait mettre à nu les scandales financiers et les accointances avec la classe dirigeante et la bourgeoisie des affaires. C'est ainsi que, dans sa publication d'octobre 1984, le bimensuel consacra deux articles au vitriol au milliardaire lougatois[73] : « L'avion de El Hadji Djily Mbaye » et « Le phénomène Djily Mbaye ». Dans ces deux papiers, Boubacar Diop dénonçait ce qu'il considérait comme un gaspillage dont se rendait coupable, selon lui, l'homme d'affaires, dans un contexte socioéconomique difficile, au lieu de faire œuvre de charité musulmane.

Pour marquer les esprits, le journaliste dresse de la région de Louga le tableau suivant : « Depuis cinq ans, Louga passe pour la région la plus pauvre du pays. (…) Dans certains arrondissements,

---

[73] Les extraits de ces deux articles ont été fournis par Christian Coulon, *Politique africaine*, n° 17, mars 1985, pp.146-150.

aux lisières mêmes de Louga, les paysans mangent un repas par jour. La région de Louga, semblable à celle du Fleuve, ne reçoit que 400 mm d'eau au plus beau de l'hivernage. (…) Voilà ce qui explique le manque d'eau dans la région de notre milliardaire El Hadji Djily Mbaye… » Il poursuit : « Ainsi le Lougatois des profondeurs abandonne les villages pour la ville, acculés par une famine inexorable qui le mine du dedans. Dans les villages rabougris, quelques vieillards accrochés à la terre donnent encore au décor apocalyptique une présence humaine symbolique. »

En parallèle, il stigmatise Djily Mbaye : « Un palais des mille et une nuits (…) surplombe ce décor sodomien (sic), des verdures immenses (…) jurent sur le demi-désert des environs. (…) Voici qu'à l'apogée de tes brios, s'exclame M. Diop, tu te paies un avion moyen standing dont le prix dépasse trois milliards. » Sans sourciller, il accuse : « (…) Djily Mbaye n'investit pas dans des secteurs directement productifs pour l'économie nationale… » Enfin, il enfonce le clou : « Encore une fois, notre nation a faim. Nous voulons dire que dans le brio de son palais, aujourd'hui en extension majestueuse, et dans celui combien fastueux du groupe qui lui fait face, les Lougatois, ses frères, n'y tirent (sic) le moindre profit… »

Grande a été la stupéfaction de l'« accusé » blessé par la teneur de ces deux articles de Boubacar Diop. Pourtant, Djily Mbaye prit la chose avec philosophie, considérant ces accusations infondées comme la rançon de la richesse et de la célébrité. Il avait donc préféré laisser au temps le soin de les juger.

Le journaliste finit par faire son mea culpa quelques mois plus tard. En proie à des difficultés financières, il a vu sa maison sous hypothèque saisie par une banque. Beaucoup d'inconditionnels du magnat soutenaient que le journaliste payait pour avoir diffamé leur bienfaiteur.

Quant à Djily Mbaye, lorsqu'il finit par apprendre le drame qui s'était abattu sur son pourfendeur, il décida, comme à son habitude, de sauver l'honneur du journaliste. Il paya les 7 millions de francs CFA que l'emprunteur devait à la banque, à l'insu de ce dernier. Lorsqu'il sut que le milliardaire de Louga l'avait tiré d'affaire, il était allé le rencontrer afin de le remercier, mais surtout pour lui exprimer ses regrets d'avoir porté atteinte à sa dignité à travers ses écrits.

Une valeur très importante dans la société sénégalaise est le *kóllëre* que le mot « fidélité » ne traduit que de manière approximative. La fortune n'a en rien impacté les relations du sage milliardaire avec ses amis d'hier, quelle que soit la condition de ces derniers. Il a toujours tenu à les garder tous.

À ce propos, il a eu à faire cette confidence à un dignitaire de Darou Mouhty : « Par expérience, je ne ferai plus de crédit à mes amis, car certains m'empruntent de l'argent et si, pour une raison certainement indépendante de leur volonté, ils n'arrivent pas à me rembourser, je ne les vois plus. Si, dans l'opération, je ne perdais que de l'argent, cela ne me dérangerait pas outre mesure, mais ils me fuient et, à la longue, je risque de perdre tous mes amis qui, pour moi, valent plus que tous les milliards du monde. »

Oustaz Ahmad Lô Moubarack, son condisciple à l'école coranique de Coki, témoigne : « Même cousu d'or, il avait toujours continué à entretenir des relations fraternelles avec ses amis d'enfance. » Il passait de longues heures avec ses « potes d'hier » à causer. Il partageait ses repas avec eux, détestant manger seul. Il faisait des promenades nocturnes sur le boulevard jouxtant son château en leur compagnie. Il aimait également se faire accompagner par ces derniers quand il s'acquittait de quelque devoir de musulman envers ses voisins et connaissances : présentation de condoléances, visites de courtoisie, etc.

En fait, Djily Mbaye voyait en ses amis des conseillers dont les avis et propositions influaient beaucoup sur ses décisions. « D'ailleurs, fait remarquer Oustaz Ahmad Lô Moubarack, ce sont eux qui géraient presque toutes ses affaires. Il avait confié à chacun une mission importante que seule la vieille complicité qu'il avait avec eux pouvait expliquer. » Parlant de ses relations personnelles avec Djily Mbaye, il ajoute : « Lorsqu'il venait à Louga, je ne demandais pas d'audience pour le voir. Il suffisait qu'on m'annonce pour qu'il me reçoive. En plus, il m'installait non pas dans un salon, mais dans sa case personnelle. Il était quelqu'un de très accessible[74]. »

Mieux, à Dakar comme à Louga, autant ses amis se déplaçaient pour lui rendre visite, autant il se sentait en devoir d'aller leur rendre visite, malgré ses nombreuses occupations. Il faisait aussi des tournées à l'intérieur du pays pour réactualiser son vaste réseau relationnel qui s'étendait sur tout le Sénégal, particulièrement dans les régions de Kaolack, Fatick et Diourbel où il avait de nombreuses connaissances.

Il répondait également aux invitations de ses amis, surtout quand celles-ci avaient un rapport avec la cause de l'Islam. L'ambassadeur Moustapha Cissé de Pire, qui l'a connu en janvier 1965, rapporte : « Il est vrai que je portais Djily en haute estime et il m'entourait d'une affection immense. Tout le monde sait que Djily n'aimait pas apparaître en public, mais, preuve de cette affection, il n'a jamais raté une seule édition du Gamou de Pire sauf si ça coïncidait avec un moment où il était hors du Sénégal[75]. »

En plus de sa complicité avec ses amis d'enfance, Djily Mbaye s'était aussi lié d'amitié, au gré de ses activités, avec des personnalités sénégalaises de son époque. Ces derniers sont, pour l'essentiel, des diplomates comme Falilou Kane, des leaders politiques comme les ministres Famara Ibrahima Sagna et Ibrahima Fall et des personnalités du monde de l'économie et des affaires à l'image du diamantaire Tamsir Mboup, de l'entrepreneur Pierre Babacar Kama, de l'opérateur économique El Hadji Idrissa Guèye…

En tout état de cause, son comportement exemplaire ne cessait de séduire et d'inspirer ses amis, comme le confirme l'urbaniste

---

[74] Ahmad Moubarack Lô. Entretien du 28 novembre 2010 à Louga.
[75] « Témoignage d'un ami » d'El Hadji Moustapha Cissé. *Sud-Hebdo* n° 206 du 23 avril 1992. p. 11.

Doudou Fall : « J'étais trop bouillant, mais, c'est à force de m'inspirer du comportement de Djily que je suis parvenu à tolérer beaucoup de choses. » De nombreux observateurs comme le journaliste Cheikh Diakhaté le voient sous cet angle : « C'est dire que chaque aspect de son existence recelait, entre autres choses, une invite à la courtoise, à la mesure et à la simplicité. »

Cette simplicité faisait que ce milliardaire atypique avait une sainte horreur des mondanités. Il faisait tout pour passer inaperçu. Ainsi, ce petit-fils de Lat- Dior fuyait les médias et chargeait des amis comme Lamine Lô de parler à la presse en son nom quand les circonstances le lui imposaient. Aux artistes-musiciens et griots, il interdisait aussi toute chanson en son honneur. Les rares chansons qui font référence à lui ont été composées après sa mort.

L'explication de cette modestie, il faut la chercher dans les rapports qu'il voulait entretenir avec son Créateur. Il disait en effet à qui voulait l'entendre : « Suivre la voie de Dieu vaut mieux que de s'intéresser à cette beauté éphémère du palais. »

Fallou Lô garde de lui le souvenir d'un homme simple et sobre : « Chez Djily, l'argent n'arrive pas à faire de l'ombrage à sa simplicité. » Il renchérit : « Non seulement il portait rarement des grands boubous, mais il n'aimait pas non plus les habits ornés de broderie. Sa préférence allait aux tissus simples comme le tergal, la percale, la mousseline, le basin simple. »

Ces dires de Fallou Lô sont corroborés par cette anecdote racontée par Bamba Dièye. Baye Djily, dit son ancien chargé de mission, remit à Amadou Bâ Sène, fondateur de la célèbre maison Mandel Couture de Dakar, un lot de tissus pour qu'il lui fît des vêtements traditionnels, sans donner de précisions sur les modèles. Le tailleur, cherchant à plaire à son nouveau client, cousit les habits en les ornant d'une riche passementerie au cou et aux manches. Lorsque le milliardaire ouvrit, à son domicile de Ngor, la valise contenant sa commande bien rangée, il la referma aussitôt et demanda à un de ses employés d'aller la remettre à son ami

Amadou Ka qu'il avait l'habitude de taquiner en disant : « *Moom nit u àdduna la* » (c'est un mondain, lui !).

La sobriété de sa mise a d'ailleurs été à l'origine de situations parfois cocasses. Ses employés se rappellent encore un jour de Gamou qui avait coïncidé avec le recrutement de nouveaux agents de sécurité. Ce jour-là, Mang Ngom, une des recrues, qui n'avait jamais vu le propriétaire, était chargé de garder la porte "Stanislas". Djily Mbaye revenait de la villa "Diogoye" et Mang Ngom le retint devant cette porte du palais. « Nous avons reçu ordre de ne laisser entrer aucun visiteur qui n'ait été annoncé au préalable. » Ni sa mise ni son comportement ne révélaient qu'on avait affaire au milliardaire.

Informé de qui était l'homme qu'il avait retenu à la porte, l'agent en appela à la compréhension et à la clémence de Djily Mbaye qui rit de la situation et lui dit : « Je vais même te récompenser pour la rigueur dont tu as fait montre dans le travail qui t'a été confié. Je veux qu'on te transfère à l'Immeuble des Allumettes, à Dakar où tu seras encore plus utile[76]. » Jusqu'à cette heure où nous écrivons ces mots, Mang Ngom occupe le poste d'agent de sécurité dans cet immeuble.

Mais si le sage de Bagdad sait récompenser les vertus, à cheval sur les principes, il refuse toute complaisance. En 1980, le berger qui avait la garde de ses troupeaux, ayant, lors d'une bagarre, mortellement poignardé, son rival, est venu chercher refuge chez le propriétaire du château de Bagdad. Il lui avoua le crime odieux qu'il venait de commettre et sollicitait sa protection.

Après l'avoir écouté, Djily Mbaye appela la police afin qu'elle vînt arrêter le meurtrier. Sorti de prison cinq ans plus tard, l'ex-employé de Djily Mbaye vint au château rendre visite à son ancien employeur en espérant reprendre son poste. Ce dernier lui répondit : « Je ne ferai jamais travailler un meurtrier ! »

---

[76] Histoire relatée par Ass Malick Samb au cours de notre entretien du 5 décembre 2010 à Louga et confirmée par Mang Ngom lui-même le 10 mars 2012 à Dakar.

Djily Mbaye avait aussi une sainte horreur du mensonge. Un de ses employés de confession chrétienne vint lui dire qu'il voulait se convertir à l'Islam. Djily Mbaye fit le nécessaire et combla le nouveau "converti" de cadeaux, conformément aux prescriptions de l'Islam.

Quand Djily Mbaye découvrit que son employé l'avait abusé, il le licencia sur-le-champ, non par prosélytisme (le milliardaire avait un nombre important d'employés chrétiens qu'il encourageait à pratiquer leur religion), mais par haine du mensonge et de la propension à la recherche du gain facile.

12. UN FIN DIPLOMATE

Une des définitions que le *Littré* donne du mot « diplomatie » est « finesse, tact et prudence dans la conduite d'une affaire, dans les rapports personnels ». Au regard de cette acception du mot, qui oserait contester à Djily Mbaye la qualité de diplomate ?

Déjà, jeune talibé à Coki, il inspirait confiance à ses camarades de promotion qui voyaient en lui un confident sûr, toujours disposé à donner des conseils avisés, à apporter les meilleures solutions aux problèmes qu'on lui soumettait. Même son maître, le sage Ahmadou Sakhir Lô, en avait fait son bras droit, quoiqu'il ne fût pas le plus âgé de ses disciples.

Plus tard, nombre de chefs d'États africains et de princes du Golfe louèrent les qualités de ce diplomate « d'exception » dont le réseau relationnel ne cessait de s'étendre au fil des années. Les portes de plusieurs palais présidentiels et royaux lui étaient grandement ouvertes.

Moustapha Cissé, ancien ambassadeur et vieil ami du grand négociateur confie : « (…) L'action d'El Hadji Djily Mbaye ne s'arrêtait pas seulement au Sénégal et en Afrique au sud du Sahara. Elle ne se limitait pas non plus à la religion et aux affaires sociales, mais elle embrassait également la diplomatie ; son action était pour le bénéfice de l'humanité tout entière. C'est ainsi que, par le biais de ses amitiés avec certains chefs d'État africains et arabes, il a toujours œuvré pour le rapprochement afro-arabe et le règlement de certains problèmes africains. (…) Il est évident que Djily ne pouvait voir le moindre conflit familial, national, africain… sans prendre l'initiative de participer à la recherche d'un règlement »[77].

Contrairement à beaucoup de chefs religieux musulmans qui se singularisent dans leur façon de s'habiller, Baye Djily a été un marabout moderne, au diapason d'un monde qui bouge. Il avait voulu se conformer aux exigences de la mondialisation en s'habillant de la façon la plus adaptée au milieu où il se rendait. Ainsi, il portait des boubous traditionnels dans son pays et se mettait en costume quand il se rendait dans les pays occidentaux ou dans des milieux officiels ou professionnels. Quant aux djellabas, il les mettait lorsqu'il se rendait en Orient ou à quelque manifestation religieuse comme le Gamou annuel de Pire.

Djily Mbaye était aussi polyglotte. Sachant que l'apparence vestimentaire ne suffit pas pour commercer avec les autres, il avait très tôt compris qu'il devait manier quelques langues parlées ailleurs en Afrique et dans le monde. En plus du wolof, qu'il a appris dans son Ndiambour natal, il se débrouillait aussi bien en arabe, en français qu'en soussou, langue qu'il avait eu le temps de maîtriser durant son long séjour en Guinée.

Il était aussi bon communicateur et savait s'adapter à son interlocuteur, quels que soient son rang social et son niveau intellectuel. D'ailleurs, pour mettre à l'aise ses invités, il lui arrivait souvent d'ouvrir la conversation par quelque trait d'humour.

Véritable citoyen du monde « enraciné » dans sa tradition et « ouvert » aux autres cultures, il se déplaçait beaucoup sur les cinq continents. Aussi a-t-il acheté des biens immobiliers dans de grandes villes africaines et européennes. Parmi ses avoirs à l'étranger, on peut citer deux grandes villas au Maroc, l'une à Casablanca et l'autre à Rabat. La première servait souvent de lieu de repos au président Diouf lorsqu'il se trouvait dans le Royaume chérifien. Djily Mbaye aimait particulièrement le Maroc. À ce

---

[77] « Témoignage d'un ami » d'El Hadji Moustapha Cissé. *Sud-Hebdo* n° 206 du 23 avril 1992, p. 11.

propos, il disait (pour plaisanter) à son ami El Hadji Malick Lô :
« L'une des portes du paradis se trouve au Maroc ! »

Il aimait aussi la France et sa capitale. Ainsi, dans le but de
mieux s'occuper de ses affaires, il réservait toute l'année un
appartement à l'hôtel California de Paris, à la rue de Berri, à
quelques pas des Champs-Élysées. Cet appartement lui servait
aussi de bureau. Il finit par acheter, toujours au cœur du Triangle
d'or de Paris (rue Ponthieu, dans le 8e arrondissement), une
résidence qui héberge aujourd'hui tous les membres de sa famille
qui foulent le sol français. Il était aussi familier des suites d'hôtel en
Côte-d'Ivoire, dans d'autres pays d'Afrique occidentale et en
Arabie Saoudite.

Ainsi, Djily Mbaye était un homme du monde, respecté par
de nombreuses personnalités d'Afrique et du monde dont des chefs
d'État. Hassan II, le roi du Maroc, avait un profond respect pour le
Lougatois. Un autre homme d'État qui appréciait Djily Mbaye est
bien Houphouët-Boigny. Les deux hommes se vouaient une
affection réciproque. Le père de l'indépendance ivoirienne, bien
qu'issu d'une famille de confession chrétienne, le considérait
comme un membre à part entière de sa famille, comme son fils aîné.

Prophète hors de chez lui, il l'était aussi chez lui. Il est de
ceux que Léopold Sédar Senghor et son successeur, Abdou Diouf,
écoutaient.

La réputation du riche marabout avait dépassé les frontières
africaines. En effet, en Arabie Saoudite, certaines de ses visites à son
ami le roi Fahd étaient filmées et les images retransmises à la
télévision royale. Djily Mbaye avait tout pour être, de fait, un
excellent diplomate.

En 1960 déjà, Djily Mbaye faisait la connaissance du
président guinéen, Ahmed Sékou Touré. Pour rappel, le marabout
sénégalais était alors célèbre en Guinée pour y avoir effectué une
retraite mystique de trois années consécutives. La rencontre entre
les deux hommes coïncida avec la fin de la longue retraite. Djily
Mbaye pria longuement pour ce père de la Révolution guinéenne

qui se sentait menacé de toutes parts depuis qu'il a osé dire
« non » au Général de Gaulle. Depuis ce jour, une amitié empreinte
de cordialité s'est nouée entre les deux hommes. Sékou Touré a reçu
Djily Mbaye dans son palais à Conakry ; ce dernier reçut son ami
guinéen dans sa résidence du Point E à Dakar, son calendrier ne lui
ayant pas permis d'aller jusqu'à Louga.

Malheureusement, Djily Mbaye, à cheval sur certains
principes, ne pouvait pas s'accommoder trop longtemps de cet ami
qui avait ses défauts, et ce fut alors le clash[78].

Si cette amitié a fait long feu, celle nouée en 1969 avec
François Tombalbaye elle, sera plus solide et plus durable. En effet,
au crépuscule des années soixante, le commerçant Djily Mbaye,
étant à la recherche de partenaires influents pour développer ses
affaires, se rendit à Ndjamena. À ce moment-là, ce pays faisait rêver
les commerçants africains en raison de son agriculture florissante et
de ses nombreux marchés de bétail. C'est ce qui a poussé Djily
Mbaye à abandonner la Guinée confrontée à des difficultés
économiques de plus en plus accrues.

Il se rapprocha donc de Tombalbaye en qualité de
marabout. De fil en aiguille, leurs connexions dépasseront le cadre
spirituel. Ayant découvert d'autres compétences et qualités en son
ami sénégalais, Ngarta[79] Tombalbaye le nomma officiellement
consul honoraire du Tchad au Sénégal et en fit son conseiller et son
émissaire auprès de certaines autorités africaines de l'époque.

L'action diplomatique phare de Djily Mbaye pour le compte
du Tchad est sans conteste son implication dans la tentative de
règlement du lancinant conflit interne tchadien des premières
années de l'indépendance. En effet, en 1963 déjà, on assiste, au
Tchad, à la naissance de groupes rebelles dont le dessein avoué est
de détrôner le pouvoir en place. La carte militaire, jouée par

---

[78] Il faut préciser que, malgré cette rupture avec Sékou Touré, Djily Mbaye
continuait de se rendre en Guinée dans le cadre de ses activités et s'était lié
d'amitié avec d'autres autorités politiques du pays à l'image de Lansana Conté, le
successeur de Sékou Touré.
[79] Nom traditionnel donné à Tombalbaye et qui signifie le « vrai chef ».

Tombalbaye qui fit appel à l'armée française pour réorganiser le pays ayant débouché sur un échec, Djily Mbaye, en étroite collaboration avec le diplomate de carrière, Serigne Moustapha Cissé, prit les choses en main. Dans l'article cité plus haut, l'ancien ambassadeur revient, en tant que témoin, sur les détails de la partition qu'ils eurent à jouer, l'ancien consul honoraire du Tchad au Sénégal et lui, dans l'équation tchadienne des années 70 : « …Djily Mbaye a participé considérablement à la recherche d'une solution au problème tchadien dans les années 1970. (…) S'agissant de son implication dans l'affaire tchadienne (…), Tombalbaye, qui était obligé de chercher une solution négociée au problème, malgré le soutien des forces françaises dans le cadre d'Accords bilatéraux, fit appel au président Senghor, en 1974, par l'intermédiaire de Djily. (…) Le Président Senghor me chargea, par des instructions écrites, de m'occuper de cette affaire. (…) Après une réunion à Paris avec Djily, pour l'examen global de la situation, je me rendis, en avril 1974, à Ndjamena, où il (Djily) m'attendait. (…) Djily et moi avons eu des échanges de vues à la Cité de l'Ocam, avec Tombalbaye, pendant deux jours. (…) Nous avons obtenu la libération du directeur de cabinet du Président Tombalbaye, qui a été mis en prison parce que, tout simplement, il aurait calomnié le chef de l'État et était taxé de pro-Frolinat[80]. »

À l'évidence, les deux Sénégalais n'ont pas pu régler définitivement l'épineux problème tchadien, mais leur détermination commune à vouloir aider ce pays frère fit que Djily Mbaye et Moustapha Cissé recueillirent plus d'estime, de respect et de reconnaissance dans les cercles d'influence de ce pays du Centre de l'Afrique, surtout chez Tombalbaye dont les relations avec Djily Mbaye sont restées intactes même pendant les heures les plus sombres.

---

[80] Le Front de libération nationale du *Tchad* (*Frolinat*) est le premier mouvement révolutionnaire qui a vu le jour au *Tchad*. Il a été créé le 22 juin 1966 au Soudan par Ibrahim Abatcha pour lutter contre le régime sudiste qui discriminait les populations musulmanes tchadiennes du Nord, du Centre et de l'Est.

Pour la petite histoire, en 1975, pressentant peut-être que la fin pour lui était proche, Ngarta Tombalbaye commença à montrer des signes de lassitude dans la conduite des affaires de son pays[81] et décida de boycotter le deuxième Sommet franco-africain des chefs d'État et de gouvernement d'Afrique et de France qui devait se tenir à Bangui, en République centrafricaine, les 7 et 8 mars 1975.

Djily Mbaye usa de tous les moyens pour ramener son ami à la raison. Accompagné du Mauritanien Ba Abdel Aziz, lui aussi ami du Tchadien, il alla rencontrer le président au village de Bodo, dans le Logone oriental, pour le convaincre d'assister à ce sommet. Tombalbaye leur opposa un niet catégorique et déclara qu'il préférait mourir d'une balle chez lui que d'un empoisonnement à l'étranger[82].

Djily Mbaye fait partie des derniers interlocuteurs du premier président tchadien avec qui il a échangé quelques minutes avant que ce dernier ne soit éliminé dans le fameux coup d'État militaire du 13 avril 1975[83]. Cette soirée-là, Djily Mbaye se trouvait au palais de Ndjamena. Sentant le danger, tout autant que son ami, il fit tout pour convaincre ce dernier de revenir sur son intention de passer la nuit à la présidence. C'était mal connaître l'entêtement de Tombalbaye qui tenait, puisqu'il fallait mourir, à être tué dans son fauteuil présidentiel. Djily Mbaye venait de buter pour la seconde fois sur un refus de Tombalbaye. Mais ce dernier savait que son ami du Sénégal lui a été fidèle jusqu'à ses dernières heures. Dès lors, ils se firent leurs adieux.

Djily Mbaye sortit aussitôt du palais à la porte duquel il tomba sur quelques putschistes. Invité à donner les raisons de sa

---

[81] Tombalbaye savait qu'un coup d'État était en train d'être organisé par les militaires. Lors d'une entrevue avec Mahamat Ali Kosso, membre du Conseil exécutif du Mouvement national pour la révolution culturelle et sociale (MNRCS), il lui disait qu'il serait difficile pour lui d'aller au-delà du 15 ou du 25 avril.

[82] Arnaud Dingammadji, *Ngarta Tombalbaye : parcours et rôle dans la vie politique du Tchad (1959-1975)*, Paris, L'Harmattan, 2008, p. 339.

[83] Abdou Salam Mbaye. Entretien du 19 janvier 2010 à Louga.

présence sur les lieux, il osa répondre : « Je suis un ami du chef de l'État ! [84]».

Après avoir échappé ainsi à la mort, il passa la nuit à l'ambassade de France à Ndjamena avant de prendre un vol le lendemain matin pour Paris, au moment où les médias du monde annonçaient la mort du président Tombalbaye dans des conditions obscures. Au même moment, au Sénégal, on pleurait le fils de Mame Cheikh Mbaye puisque ses parents croyaient qu'il avait été tué à Ndjamena. Témoin de la quasi-totalité des scènes de l'assassinat de Ngarta Tombalbaye, il n'a pourtant jamais fait de déclaration publique sur l'affaire, certainement en vertu de sa qualité d'« homme d'État ».

Cette proximité avec Tombalbaye vaudra à Djily Mbaye d'être cité dans la nébuleuse affaire de la bande d'Aouzou. De son vivant, circulaient des informations selon lesquelles il aurait servi d'intermédiaire entre le guide libyen, Mouammar Kadhafi, et François Tombalbaye, dans la « vente » à vingt milliards de francs CFA de cette partie du Tchad à la Lybie. Même si, dans un ouvrage[85], le député tchadien Ngarlejy Yorongar avance dans un bref passage, avec la précaution d'user du conditionnel, que le Lougatois était impliqué dans cette affaire, son ami Moustapha Cissé, dans ses mémoires, affirme que le milliardaire lui avait confié en 1990, le cœur meurtri : « Les fausses accusations concernant la Bande d'Aouzou m'ont fait toujours mal, or, toi Moustapha, tu sais que nous ne nous connaissions pas, le Colonel Kadhafi et moi, et jusqu'à présent, je ne me suis jamais rendu en Libye. »

En vérité, Djily Mbaye n'a rencontré le Colonel Kadhafi, qu'une seule fois, le 4 décembre 1985, au Palais de la République à Dakar. Le chef d'État libyen était alors en visite officielle au Sénégal. Djily Mbaye exprima au président Diouf son ardent désir d'être

---

[84] Ces événements ont été relatés par Djily Mbaye lui-même à son frère Abdou Salam Mbaye (actuel calife de Mame Cheikh Mbaye) qui a bien voulu y revenir lors de notre entretien du 19 janvier 2011 à son domicile de Louga.
[85] Ngarlejy Yorongar, *Tchad : Le procès d'Idriss Déby*, Paris, L'Harmattan, 2003, p. 43.

reçu par le guide libyen. Lors de cette audience qu'il finit par obtenir par l'entremise du président du Sénégal - à cette période-là président en exercice de l'OUA -, Djily Mbaye demanda à trois reprises à Kadhafi s'il le connaissait. Les réponses du Colonel furent toutes négatives. Pour éclairer la lanterne de son interlocuteur, le milliardaire lui expliqua le pourquoi de ses questions. Baye Djily profita de cette audience pour proposer au guide libyen la création d'une « Agence internationale de secours musulman » en faveur des déshérités et des nécessiteux. Mais le dirigeant libyen, quoiqu'acquis à l'idée, était pour un « Croissant rouge international » dont le siège serait en Libye.

Au cours de cette rencontre, Kadhafi lui lança une invitation à laquelle Djily Mbaye ne donna jamais suite. Ce qui amène son ami ambassadeur à demander : « Comment Djily, ne connaissant pas Kadhafi et qui ne l'a rencontré qu'en décembre 1985, pouvait-il procéder, avec le chef de l'État libyen, à une transaction sur Aouzou depuis 1972 ? »

De sa grande amitié avec Tombalbaye, naîtra son contact avec Félix Houphouët-Boigny[86] à qui Djily devait remettre une lettre de la part de son ami tchadien. Djily Mbaye va entretenir des relations étroites avec ce dirigeant de la Côte-d'Ivoire. Les deux hommes avaient déjà fait connaissance grâce à l'ancien maire de Louga et de Saint-Louis, André Guillabert, à l'époque ambassadeur du Sénégal en France. Tout est parti d'une paire de lunettes précieuse pour le président ivoirien qui s'était cassée au cours de son séjour au Sénégal. Sachant que Djily Mbaye vendait le même genre de lunettes, Guillabert, leur ami commun, eut le réflexe de faire appel à son expertise. Comme attendu, Djily Mbaye répara habilement les lunettes du président.

Quelques mois plus tard, lorsque le Sénégalais se rendit à Abidjan, il rencontra le chef de l'État[87] qui l'entendit parler de son souhait de bénéficier d'un prêt d'un million. « Avec ton petit

---

[86] Kader Gaye. Entretien du 10 juillet 2011 à Dakar.
[87] Cette rencontre aussi aurait été arrangée par André Guillabert.

business, qu'est-ce que tu vas faire avec un million ? », lui demanda son hôte. Djily Mbaye exhiba une pièce en or à l'effigie de son hôte sur le côté pile et avec les symboles du pays sur le côté face, avant de répondre : « Je veux fabriquer ce genre de pièces pour les vendre aux autorités et autres personnes riches. » Cela a suffi pour convaincre Houphouët-Boigny qui lui demanda dans quel délai il pourrait rembourser l'emprunt. Djily Mbaye de s'engager à rembourser dans un délai de 365 jours. Mais, quelques mois plus tard, le banquier que le président ivoirien avait chargé de suivre le prêt sans garantie, fut étonné de voir le débiteur, en plus de s'être acquitté avant terme de sa dette, offrir 50.000 francs de son bénéfice à son illustre créancier. Ce cadeau de Djily Mbaye, plutôt symbolique, séduisit Houphouët. Des liens de confiance s'établirent ainsi entre les deux hommes.

Ces liens se consolidèrent donc plus tard avec le concours de Tombalbaye qui, séduit par l'expertise de Djily Mbaye, voulait en faire bénéficier son homologue ivoirien. La lettre présidentielle précédemment évoquée louait les qualités ainsi que le sens des affaires de ce Sénégalais. Mais Tombalbaye ignorait que le destinataire de la lettre en savait un bout. Le premier geste qu'il fit en faveur de son hôte n'était pas des moindres : il lui offrit 300 millions de francs CFA soigneusement rangés dans une mallette. Piège ou simple largesse ? Dans tous les cas, c'était mal connaître la ferme volonté de Djily Mbaye de ne vivre qu'à la sueur de son front. Lorsque Djily Mbaye ouvrit la mallette, il dit au président ivoirien : « C'est pour vous faire plaisir que je vais prendre une coupure de cinq mille francs de cette somme, pas plus, car je considère que je dois d'abord travailler pour être payé[88]. »

Sachant qu'il était en face d'un homme plein d'ambition, Houphouët-Boigny lui demanda le domaine dans lequel il voulait travailler. Il répondit : « Dans le commerce du café et du

---

[88] Idem.

cacao[89] ! » Mais son interlocuteur, comme s'il n'avait pas entendu, lui proposa d'être son conseiller, et émissaire. La discrétion légendaire de Djily Mbaye n'avait pas laissé indifférent le président ivoirien qui n'hésita pas à l'impliquer dans les dossiers sensibles qui interpellaient la Côte d'Ivoire et d'autres pays comme le Sénégal. En guise d'exemple, en 1976 déjà, Senghor avait parlé à son homologue ivoirien de son projet de quitter le pouvoir, et hésitait entre Babacar Bâ, alors ministre des Finances, et Abdou Diouf, Premier ministre de l'époque. Plus tard, après mûre réflexion, c'est par l'entremise de Djily Mbaye que le sage de Yamoussoukro donnera son avis à Senghor sur cette question extrêmement sensible et secrète à l'époque.

En Djily Mbaye, le président ivoirien aimait l'homme d'affaires, le diplomate, mais aussi le marabout. En effet, le président ivoirien, bien qu'issu d'une famille de confession chrétienne, appréciait beaucoup le savoir encyclopédique, la sagesse et la modestie des marabouts d'Afrique[90]. C'est ce qui avait poussé ce président chrétien à se rapprocher de plusieurs guides spirituels musulmans dont Cheikh Yacouba Sylla, Amadou Hampâté Bâ, Ali Baba Timité, Cheikh Sountoun Badji, Cheikh Sidy Modibo Kane Diallo et… Djily Mbaye.

Avec ce dernier, qui avait d'autres qualités qu'appréciait le guide ivoirien, la relation était un peu spéciale. Djily Mbaye considérait Nanan[91] Houphouët comme un père.

Comme Tombalbaye, Houphouët-Boigny ne le quittait plus. Il arrivait même au chef d'État ivoirien de venir au Sénégal juste pour voir son « fils ». C'est ainsi que Houphouët-Boigny viendra lui rendre visite dans son fief de Louga, à deux reprises. En 1979 d'abord, pour une visite de courtoisie de six jours ; puis en 1986, pour lui présenter ses condoléances suite au décès de son neveu

---

[89] Discussion relatée par Djily Mbaye à son ami Kader Gaye qui est revenu sur toute sa teneur lors de notre rencontre du 10 juillet 2011.
[90] Marie Miran, *Islam, histoire et modernité en Côte-d'Ivoire*, Paris, Karthala, 2006, p. 156.
[91] Surnom donné à Houphouët-Boigny et qui signifie grand-père.

Serigne Cheikh Mbaye, fils de son grand frère Serigne Ibra Mbaye. Durant cette rencontre avec la famille éplorée, Houphouët-Boigny, parlant de Djily Mbaye, dit à Serigne Ibra : « C'est mon fils aîné ! »

À la suite de Tombalbaye qui lui avait présenté cet homme plein d'initiatives, Houphouët-Boigny, à son tour, ne cessait de vanter les mérites du marabout et diplomate sénégalais lors des rencontres avec ses homologues.

Alors plus rien ne pouvait arrêter Djily Mbaye. Il était devenu un homme influent et respecté dans toute l'Afrique, et avait dans son carnet d'adresses presque tous les chefs d'États de l'Afrique de l'Oust, leurs collaborateurs et d'autres personnalités d'Afrique et du monde. Chacun de ses amis présidents avait remarqué chez le célèbre Sénégalais les qualités qui avaient déjà ébloui les pères de l'indépendance du Tchad et de la Côte-d'Ivoire. Dans le désordre, on peut citer : Sire Daouda Diawara de la Gambie, Omar Bongo du Gabon, Étienne Gnassingbé Eyadema du Togo, Mobutu Sese Seko du Zaïre, Joseph Saidou Momoh de la Sierra Leone, Denis Sassou Nguesso du Congo, Hissène Habré du Tchad, Paul Biya du Cameroun, Henri Konan Bédié, le diplomate ivoirien Essy Amara, Ahmed Sékou Touré de la Guinée Conakry qu'il a connu bien avant les autres…

Chacune de ces personnalités a rendu visite à Djily Mbaye, soit dans son splendide château de Louga, soit dans ses résidences de Dakar. Ces prestigieuses visites, pour amicales qu'elles aient été, avaient un caractère solennel pour celui qui, en plus d'avoir hérité de l'élégance de Gaïndé Fatma, avait recruté de grands cuisiniers qui ont bénéficié de stage de perfectionnement au Maroc et avait à son service un ancien chef protocole de Senghor en la personne de Birahim Bâ.

Il comptait aussi de nombreux amis dans le Golfe. Parmi ceux-ci, on peut citer : le roi Khaled Ben Abdel Aziz Al Saoud, le sultan Qabous Ben Said Al Saïd d'Oman, l'ancien émir du Qatar

Khalifa bin Hamad Al Thani, l'ancien émir des Émirats arabes unis Cheikh Zayed Ben Sultan Al Nahyane…

Nombre de ces têtes couronnées ont voulu le retenir dans leurs pays respectifs, mais Djily Mbaye a toujours refusé. Patriote jusqu'à la caricature, il n'a jamais cautionné la « fuite des cerveaux », y voyant une attitude de « *Samba Alaar* »[92].

Ainsi, dans son pays aussi, il avait étalé tous ses talents d'émissaire, de médiateur politique, de négociateur, de relais social… grâce à un charisme et une discrétion impressionnants. En effet, il avait apporté sa pierre dans l'issue heureuse de plusieurs conflits politiques qui secouaient parfois le pays. Aussi, avait-il l'estime de nombre de personnalités sénégalaises. Le poète-président, Léopold Sédar Senghor, ce grand homme d'État appréciait beaucoup les qualités de médiateur du milliardaire lougatois. Mais, il le respectait d'abord en tant que commerçant importateur, membre influent de plusieurs associations commerciales et un des piliers de la Chambre de commerce de Dakar.

Toutefois, loin d'être un affairiste qui voulait profiter de passe-droits, Djily Mbaye était un homme de dialogue et de consensus qui se battait pour que les autorités politiques pussent gouverner dans une parfaite stabilité et dans la paix sociale. Il était conscient que c'était la condition sine qua non pour que les affaires puissent marcher dans le pays.

Ce fils de cadi, dans toutes ses entreprises de réconciliation, adoptait une conduite équidistante de toutes les parties, ne voyant que l'intérêt supérieur du pays. Même dans la rivalité qui opposa son ami Babacar Bâ et son parent de Louga Abdou Diouf pour la succession de Senghor, Djily Mbaye s'est investi exclusivement pour que l'État, institution strictement impersonnelle, triomphe. À équidistance des parties, il s'est entretenu avec le «patron» et ses deux «dauphins» pressentis pour désamorcer la bombe de la

---

[92] Personne qui refuse d'aider les siens mais qui est prompte à rendre service aux autres.

succession. Malgré cette neutralité affichée par le milliardaire, d'aucuns, certainement abusés par son appartenance au Ndiambour comme Abdou Diouf, le prenaient pour un membre du camp de ce dernier. Pour ôter tout crédit à ces accusations, il accepta la requête de Babacar Bâ consistant à remettre, de sa part une lettre pas du tout tendre à Senghor, en mains propres. Pourtant, Diouf et Djily sont des parents proches, mais aussi parents par alliance. Abdou Diouf lui-même dans ses Mémoires, écrit : « El Hadji Djily Mbaye est un parent, nous sommes tous deux de Louga, il est cousin de ma mère et il a épousé ma cousine, ce qui fait que nous sommes très proches et vraiment il m'a toujours aidé et à chaque fois que j'ai eu besoin de lui, il a vraiment fait le nécessaire. »

D'ailleurs, Diouf traduira ces mots en acte en faisant de son « père » le parrain de sa fille Yacine, sa fille.

Toutefois, alors que beaucoup pensaient que le courrier chantait les louanges de Senghor, il annonçait plutôt une rupture totale. Voici ce que martelait Babacar Bâ dans sa missive[93] : « (…) Je me réserve le droit d'étaler au grand jour tous les comptes, car, vous savez que pendant les sept ans que j'ai passé au ministère des Finances et de l'Économie, j'ai eu le temps d'en savoir beaucoup. »

Certes, Djily Mbaye n'a pas réussi le rapprochement entre Senghor et Bâ, mais le pire a été évité de justesse : la succession de Senghor a été faite sans incident regrettable. Djily Mbaye, en secret, aura été l'un des acteurs les majeurs de ce passage en douceur.

Au lendemain du départ de Senghor, Djily Mbaye a démontré que ses relations avec les hommes d'État n'étaient pas empreintes d'opportunisme. Bien que le poète ne fût plus aux affaires, son généreux ami lui offrit une somptueuse villa au Maroc. Il connaissait, selon le poète Amadou Lamine Sall, l'amour que le président-poéte portait à ce pays. Seulement, Senghor lui opposa

---

[93] Abdou Latif Coulibaly, *Le Sénégal à l'épreuve de la démocratie*, Paris, L'Harmattan, 1999, p. 107.

un refus poli : « C'est bien gentil, mon cher Djily. Mais je ne puis accepter votre généreux don, car, voyez-vous, cette villa va encore augmenter mes impôts et je ne suis pas riche[94]. »

Longtemps Premier ministre sous le magistère d'Abdou Diouf, Habib Thiam a bénéficié de la même marque de fidélité. En 1983, alors qu'il venait de quitter son poste de chef du gouvernement, Djily Mbaye lui demanda « d'aller prendre le véhicule de son choix dans son garage[95] ».

L'homme d'affaires a également beaucoup aidé Abdou Diouf au cours de la première décennie de son magistère. D'abord, il avait beaucoup appuyé, en 1982, Abdou Diouf, dans la mise en œuvre de son projet de modernisation de la ville de Louga qui, par ailleurs, lui servait de base politique. Avec les infrastructures de base construites grâce à l'appui de Djily Mbaye, Abdou Diouf connut une certaine popularité dont le Parti socialiste tirera profit. Le président de la République fit de lui son conseiller et émissaire. De ce fait, Djily Mbaye sera au cœur des tractations diplomatiques entre le Sénégal et beaucoup de pays comme la Côte-d'Ivoire, le Togo, le Maroc et l'Arabie Saoudite.

Mais le summum de son action diplomatique va en direction de ce dernier pays. S'étant d'abord rapproché des princes du Golfe en 1980 par l'intermédiaire de son ami Moustapha Niasse[96], alors ministre des Affaires étrangères, Djily Mbaye verra plus tard ces rapports se raffermir avec le concours de l'ambassadeur Moustapha Cissé. Il deviendra ainsi un ami sincère des autorités saoudiennes toujours émerveillées par son intelligence. À preuve, au cours de sa première rencontre à Djeddah avec le prince Sultan Ben Abdel Aziz Al Saoud, frère de l'éminent monarque saoudien Fahd et ancien ministre de la Défense du Royaume, celui-ci était tellement impressionné par l'immense

[94] Amadou Lamine Sall, *Senghor : ma part d'homme*, Dakar, Éd. Feu de brousse, p 228.
[95] Mamoudou Ibra Kane, Mamadou Ndiaye , *Habib Thiam : L'Homme d'État*, Paris, Paris, L'Harmattan, 2009, p. 130.
[96] Moustapha Niasse. Entretien électronique (e-mail) du 16 juillet 2011.

culture de son invité qu'il lui demanda la formation qu'il avait suivie et le nom de ses professeurs. Djily Mbaye lui fournit une réponse à tout le moins surprenante :
- Je n'ai appris aucune discipline dans une école si ce n'est le Coran que j'ai eu à achever grâce à un homonyme de mon père.
- *Subhâna man yahabu man yashâ'u maa yashâ'u*[97], s'exclama le prince[98] !

Parmi ses autres amis princes, figure Saoud Al Fayçal (fils du roi Fayçal Ben Abdel Aziz et ministre des Affaires étrangères du Royaume d'Arabie Saoudite depuis 1977) qui lui avait été présenté par Moustapha Niasse. Le jour de leur première rencontre, le prince était allé, en personne, chercher Djily Mbaye et sa délégation à leur arrivée à l'aéroport de Djeddah, et les a hébergés pendant toute la durée de leur séjour au Royaume saoudien. Il y avait aussi le souverain Fahd Ben Abdel Aziz qui avait connu Djily Mbaye bien avant d'être roi grâce à Saoud Al Fayçal. Du fait de ses relations avec les princes, Djily Mbaye devint, pour son pays, un missi dominici qui mettait à profit son influence pour raffermir l'axe Sénégal/Arabie Saoudite.

En 1988, il s'est totalement investi pour mettre un terme à un incident diplomatique entre Dakar et Riyad qui avait fini par créer un climat de méfiance entre le président Abdou Diouf et Son Altesse Fahd Ben Abdel Aziz. Devant cette situation, le marabout de Louga prit son bâton de pèlerin et, après avoir écouté le président Diouf puis le roi Fahd, il finit par convaincre le souverain d'accepter de revenir à de meilleurs sentiments à l'égard du président sénégalais.

Djily Mbaye jouissait d'une honorabilité et d'une notoriété enviables et il savait, mieux que quiconque, que l'efficacité d'une mission diplomatique dépend de ces deux critères. Habib Thiam, ancien Premier ministre du Sénégal, à la page 26 de son livre *Par devoir et par amitié*, revient sur la leçon que Djily lui a donnée : « Il

---

[97] « Gloire à Celui qui gratifie de dons qu'Il veut à qui Il veut ! »
[98] Ahmed Iyane Thiam. Entretien du 15 mars 2012 à Dakar.

[Djily Mbaye] m'a fait comprendre qu'un gouvernement, c'est, naturellement, l'ensemble de ses membres, mais c'est aussi, autant, son capital de relations à travers le monde, c'est-à-dire des hommes suffisamment représentatifs par eux-mêmes pour être crédibles à l'intérieur comme à l'extérieur du pays. Le jour où cela sera bien compris en Afrique, les systèmes gouvernementaux auront beaucoup progressé et gagneront en efficacité. »

Pacifiste jusqu'au bout des ongles, Djily Mbaye figure dans la liste des acteurs pour le maintien de la paix lors de la fameuse guerre entre l'Irak et l'Iran. Au beau milieu des affrontements, il était constamment en pourparlers, par voie épistolaire, avec l'Ayatollah Khomeiny et le président Saddam Hussein.

Last but not least, un autre souverain avec lequel Djily Mbaye s'était lié d'amitié, c'est Sa Majesté le roi Hassan II. Même si le milliardaire lougatois l'avait connu bien avant l'arrivée du successeur de Senghor[99], grâce à Serigne Cheikh Mbacké Gaïndé Fatma, leurs relations ne prirent une tournure diplomatique qu'à partir du 31 mars 1981[100].

Cette date marque la première visite d'État et d'amitié du nouveau président sénégalais auprès de son homologue marocain. Lors de ce voyage, Abdou Diouf avait demandé à l'homme d'affaires de faire partie de la délégation. C'est dans la ville de Marrakech que le roi avait reçu son homologue sénégalais. Au terme des entretiens officiels, le président Diouf présenta El Hadj Djily Mbaye au roi. Ce dernier le reçut en tête à tête dans les jardins de l'hôtel La Mammounia où la délégation sénégalaise était logée. Leurs relations venaient ainsi de prendre une autre tournure. Les rencontres entre les deux amis seront d'autant plus fréquentes que

---

[99] Les relations entre Hassan II et Djily Mbaye remontent au magistère de Senghor. Aux pages 205 et 206 de son livre *Mémoires d'un juge africain : Itinéraire d'un homme libre*, Ousmane Camara - dernier ministre de l'Enseignement supérieur sous la présidence de Senghor - revient sur l'étroitesse des relations qui existaient entre le roi et le milliardaire.
[100] Moustapha Niasse. Entretien électronique (e-mail) du 16 juillet 2011.

le président Diouf a eu l'idée de faire de Djily Mbaye son chargé de mission auprès du souverain marocain.

Avec l'efficacité et la discrétion qu'on lui connaît, le sage milliardaire s'acquitta de sa nouvelle mission. D'ailleurs, une brève publiée dans le numéro 1852 de janvier 1985 du magazine *Afrique Nouvelle* prouve à suffisance cette discrétion avec laquelle l'ami du souverain marocain s'acquittait de sa mission : « Le roi Hassan II a reçu, le 17 janvier, à Marrakech, El Hadji Djily Mbaye, envoyé spécial du président Abdou Diouf du Sénégal. L'entrevue s'est déroulée en présence des conseillers du roi, MM. Ahmed Réda Guedira, Ahmed Bensouda et Mohamed Aouad. Aucune précision n'a été fournie, ni sur l'objet de la visite de l'émissaire sénégalais au Maroc ni sur la teneur de leur discussion. »

El Hadji Djily Mbaye était finalement devenu un des artisans du rapprochement entre les peuples marocain et sénégalais. C'est du moins l'avis de grands périodiques du continent à l'image de *Afrique Nouvelle* et de grands médiateurs marocains, dont le banquier Belkacem Boutayeb. Ce membre de l'African leadership forum, invité par le magazine *Maroc Hebdo International* en réponse à la question : « Que vous inspirent les ballets diplomatiques entre Dakar et Rabat ? », commence sa réponse par cette phrase : « Comment pourrais-je évoquer nos relations (entre le Maroc et le Sénégal) sans avoir une pensée émue pour celui qui a tant fait en ce sens, Moulay Ahmed Alaoui, pour la mémoire de feu Djily Mbaye, et rendre hommage aux présidents Senghor et Abdou Diouf [101]. »

Abdou Diouf ne regrettera jamais de l'avoir eu à ses côtés. Mais cette proximité avec Diouf n'avait pas impacté ses relations avec l'opposition, ne l'avait pas empêché de garder ses accointances avec certains membres de l'opposition sénégalaise d'alors. À l'approche des échéances électorales, il avait le courage d'apporter ouvertement son soutien à ses amis qui étaient des adversaires de Diouf. L'ancien président Abdoulaye Wade du Parti démocratique

---

[101] Bachir Thiam, « Belkacem M. Boutayeb, consultant de banques : Un témoin privilégié », *Maroc Hebdo International* n°451, du 9 au 15 février 2001.

sénégalais était le plus en vue parmi eux. Cependant, Djily Mbaye leur recommandait de mener une campagne électorale pacifique, en évitant au maximum heurts et tensions, véritables bêtes noires de toute démocratie[102].

---

[102] Kader Gaye. Entretien du 10 juillet 2011 à Dakar.

13. LE MYSTIQUE...

S'il existe dans la vie du marabout de Louga un aspect peu connu, dissimulé par sa fortune et sa générosité légendaire, il s'agit bien de son côté mystique. Pourtant, ce qui aurait dû étonner, c'est plutôt que l'homme ne fût pas mystique. En effet, son père, Mame Cheikh Mbaye, très tôt, fit ses preuves dans ce domaine bien qu'il se gardât de dévoiler publiquement cette facette de sa personnalité. Le fondateur du mouridisme, lors d'une visite à Louga, lui aurait dit : « Si ce n'était moi, ç'aurait été toi. » À l'image de ses frères et sœurs, Djily Mbaye a donc hérité de son père des terres, mais aussi du savoir ésotérique qu'il était réticent à divulguer. C'est d'ailleurs là la seule attitude qui convienne à un détenteur de ce type de savoir. C'est dire que Djily Mbaye était tout sauf un homme ordinaire.

Rappelons d'abord que notre homme d'affaires porte le nom d'un grand saint, Cheikh Abdou Khadre Jeylani. Les circonstances dans lesquelles son père décida de lui donner le nom du saint homme sont assez singulières. En effet, la dame Sophie Mbaye, sœur de Djily Mbaye, aurait vu en rêve le saint de Bagdad lui tendre une image qui représentait l'homme en qui il se réincarnerait sur Terre. Elle sollicita son père pour l'interprétation de ce rêve. Mais, au même instant, on annonça à Mame Cheikh la naissance de son fils avec Khary Samba Touré. Sur l'heure, l'heureux père dit à sa fille : « Il (Cheikh Abdou Khadre Jeylani) veut avoir le nouveau-né comme homonyme. Il est sûr que s'il porte son nom, ils auront plusieurs traits de ressemblance et des vertus en partage. »

Aujourd'hui, chacun d'eux repose dans un beau mausolée, contigu à une imposante mosquée, dans une   localité appelée

Bagdad. À l'image de son homonyme, Djily Mbaye aussi était surnommé à juste titre *Boroom Bagdad* (l'homme de Bagdad) par ses proches.

L'autre chance de Djily Mbaye a été d'habiter des terres bénies, antérieurement occupées par son marabout de père. Qu'il s'agisse du château, de « Virage », sa belle résidence secondaire de Santhiaba ou de Kër gu mak, sa toute première demeure, toujours à Santhiaba, toutes ces résidences sont bâties sur des terres antérieurement occupées par Mame Cheikh. Or, pour les soufis, un lieu qui a été occupé par un ascète musulman, pour quelque durée que ce soit, recèle d'immenses grâces. D'ailleurs, un hadith du prophète de l'Islam, rapporté par Anas Ibn Malick[103], certifie que les jardins du Seigneur sur terre sont les lieux où on fait Ses louanges. Cela explique la tenue annuelle, au Sénégal, d'événements religieux et de pèlerinages très populaires pour célébrer le passage de saints dans des lieux considérés comme sacrés. Un signe qui montrait que le digne héritier du soufi, Mame Cheikh ne devait pas être un homme ordinaire est qu'il était extrêmement intuitif. Il arrivait, d'un simple regard, à estimer, avec exactitude, des objets ou une situation. Ainsi, un coup d'œil lui suffisait pour savoir, sans instrument de mesure, le nombre de mètres carrés de tapis nécessaires pour le revêtement d'une pièce, par exemple. L'intuition qu'il avait de certaines choses dans le futur était aussi avérée.

Un jour, son épouse Ndèye Katy Diop s'inquiétait pour la santé de sa mère Rokhaya Kébé à laquelle elle était très attachée. Elle se demandait même si elle se relèverait de cette maladie qui commençait à durer. Nous étions en 1991. Son époux la rassura et ajouta même : « Au moment de son décès, tu seras hors du pays.» Effectivement, au moment du décès de sa mère en 1996, soit cinq ans plus tard, sa fille, Ndèye Katy Diop se trouvait en France.

---

[103] Hadith n° 1511 de son *Recueil des recommandations et avertissements* (Sahîh At-*Taghrîb wa-t-Tarhîb*).

Cette faculté de lire au-delà de la matérialité et de l'immédiateté des choses et des évènements lui permettait de se protéger contre les agissements des personnes mal intentionnées. C'est ainsi que le très courtois Djily Mbaye avait un jour refusé de serrer la main à un de ses visiteurs qui lui était pourtant très familier. Son acte avait intrigué plus d'un dans son entourage, mais il préféra garder le silence. Selon un témoin, le pauvre homme serait revenu demander pardon à Djily Mbaye qui aurait su que ce dernier s'était « outillé » mystiquement pour lui gruger des fonds.

Autre témoin, autre anecdote. Dupuis, le pilote du milliardaire, a raconté à la famille Mbaye cette histoire que son employeur aurait volontiers gardée secrète. Au cours d'un voyage à bord de son jet privé, un des moteurs de l'avion s'éteignit. Ayant senti une anomalie, le marabout se leva aussitôt et alla vers le pilote :

— As-tu des problèmes ?

— En effet, Monsieur Mbaye, l'un des moteurs s'est éteint, répondit, inquiet, Dupuis. Mais le pilote vit un Djily Mbaye serein, vraisemblablement en train de murmurer quelque invocation.

Dans la minute qui a suivi, le moteur se remit miraculeusement en marche. N'en croyant pas ses yeux, le pilote, toujours préoccupé par l'incident qui venait de se passer, dit à son patron : « C'est vous mon chef, mais je suis le chef de l'avion. Donc, au premier aéroport, on descend pour une vérification technique avant de reprendre les airs. » Ce qu'il fit, mais, à en croire toujours le pilote, le jet privé sortit apte de sa visite technique.

Des anecdotes de ce genre jalonnent toute la vie de Djily Mbaye. Plusieurs fois, il a miraculeusement échappé à la mort. Enfant, il est sorti indemne d'un accident de train dont la gravité faisait craindre le pire. Plus tard, il sortira indemne d'un accident de voiture sur la route de Saint-Louis avec des amis comme le commerçant El Hadji Mbodj Fall. On peut se demander par quel miracle il est sorti vivant des évènements de Ndjamena, alors qu'il était avec son ami François Tombalbaye quelques minutes avant l'assassinat de ce dernier dont il a rencontré les bourreaux en sortant du palais.

Ce mystique, rarement surpris par les évènements concernant sa vie ou celle de ses proches, ne pouvait pas, non plus, être surpris par sa propre mort. Aussi, un jour, le milliardaire avait-il annoncé à de proches parents et amis : « Ma mission est terminée ! » Il savait vraisemblablement, avant le diagnostic des médecins, qu'il ne dépasserait pas la soixantaine. Entre autres témoins de cette scène, il y avait Serigne Moustapha Cissé de Pire, Serigne Abdoul Aziz Sy Dabakh de Tivaouane, Fallou Lô, Serigne Sam, une délégation du comité d'organisation de la Coupe d'Afrique de football (Sénégal 92)[104] et l'instituteur Ahmad Lô.

La même annonce, un autre jour, a été faite à Ahmad Lô qui, ce jour-là, était en compagnie de son fils Moubarack. Comme dans un film, les images de cette nuit lui reviennent : « Djily Mbaye m'a accueilli avec la sérénité et la joie de vivre qu'on lui connaissait. Il me taquinait comme d'habitude et s'apprêtait à prendre en ma compagnie son dîner (du couscous), mais lorsque je lui ai décliné l'objet de ma visite (il voulait trouver du travail à son fils, fraîchement sorti des universités françaises et américaines), il afficha un petit sourire avant de laisser entendre : « Moubarack, ton père ignore encore que je n'ai plus rien à faire dans ce monde !" Cette phrase m'a tellement bouleversé que je n'ai pas pris part au repas. »

Djily Mbaye, en revanche, depuis belle lurette, attendait sa mort avec aplomb. Pour preuve, il avait choisi l'emplacement de son mausolée bien avant que le mal qui l'a emporté ne surgisse. Au sujet de ce site réservé au cœur de son château, précisément à l'est de la mosquée, il avait confié à Dabakh : « Souvent, je viens nuitamment ici pour y réciter la sourate *Yaa siin* ». Ce jour-là, Dabakh aurait lui aussi prié sur cet endroit qui devait être la dernière demeure de ce mystique. Il se dit aussi que Mame Cheikh

---

[104] Cette rencontre avec la délégation de Sénégal 92, conduite par son président, Daouda Faye, s'est tenue à l'hôtel California de Paris.

Mbaye, de son vivant, venait en retraite spirituelle à l'endroit précis choisi par son fils comme dernière demeure. Sous le grand tamarinier qui se dressait à cet endroit, le cheikh restait du matin jusqu'à ce que le soleil se trouvât au zénith.

Dans un document audio, Djily Mbaye dit, parlant de ce fameux arbre : « Là où nous nous trouvons, Mame Cheikh a fait des retraites régulières pendant 50 ans. » Il ajoute par ailleurs : « De tout le château, c'est seulement cet endroit qui m'appartient. »

Sur les onze hectares du Palais, cette partie est la dernière acquise par Djily Mbaye auprès du vieux Barama Fall. Il fit ensuite abattre le tamarinier et édifia à la place une mosquée, comme pour honorer son père, et un mausolée, pour se rapprocher mystiquement de lui. Il cherchait, aussi, en choisissant d'être enterré à cet endroit, à être « couvé » par sa mère, Khary Samba Touré. En 1990, à la mort de celle-ci, au château, suite à une longue maladie, son unique fils ordonna son inhumation dans ce lieu ; ce qui n'avait surpris personne. À cette occasion aussi, le mystique envoya un autre signal à ses proches en disant après l'inhumation : « Aujourd'hui, j'ai inhumé la personne que je chéris le plus au monde. Je rends grâce à Dieu car, vu mes absences répétées et souvent longues, il n'était pas évident que son rappel à Dieu me trouvât à Louga. Je sens que j'ai accompli ma mission dans cette vie terrestre. » Prophétie ou pure coïncidence, Djily Mbaye ne vécut que quelques mois après le décès de sa mère. Il la rejoindra juste à l'aube de l'année suivante et reposera, pour l'éternité, à ses côtés, à cet endroit même où son père, satisfait de sa mère Khary Samba Touré, fit venir cette dernière pour la bénir, comme nous l'a rapporté Mame Cheikh Mbaye, le fils de Baye Djily, lors d'un entretien qu'il nous a accordé le 8 mars 2012 à Dakar.

Aujourd'hui, ce mausolée tend à devenir le caveau familial des Mbaye de Louga, puisque, après Djily Mbaye et sa mère, Serigne Sam, Aminata Sourang et récemment Ndèye Katy Diop, respectivement décédés en 1998, 2008 et 2014, les y rejoindront.

Mansour Gaye

14.... S'EN EST ALLÉ

Malade pendant des mois, Djily Mbaye ne garda le lit, dans sa chambre du petit palais, que pendant les 30 derniers jours. Il s'est éteint dans son lit, dans la matinée du jeudi 14 mars 1991. Ce qui est remarquable, c'est la dignité avec laquelle l'homme a supporté l'épreuve jusqu'au bout. Il a pris le soin d'écrire son testament sereinement. Dans son livre *Par devoir et par amitié*, le Premier ministre Habib Thiam écrit à propos du défunt : « (il a) supporté son mal avec un courage et une foi conformes au grand homme qu'il était. »

À Kader Gaye, témoin de ses derniers jours, Djily Mbaye adressa ces tristes mots : « Sacré Kader, tu as perdu ton ami ! » Et, lorsque ce même Kader s'était effondré en voyant son ami affecté par la maladie, il lui récita les versets 4 et 5 de la sourate 93 du saint Coran. Dans ces versets, une fin heureuse, une félicité infinie et le salut ici-bas et dans l'au-delà sont promis au prophète Mouhammed (Psl) par son Créateur.

Quant à Omar Bao, le médecin qui traitait le milliardaire à domicile, il était étonné le jour où son patient se permit de mettre en doute les certitudes scientifiques des médecins par cet avertissement : « Je t'ai entendu dire à Kader Gaye que j'aurais des chances de vivre plus d'une année encore. Ne prends surtout pas ce que disent vos instruments pour paroles d'Évangile. »

Pourtant Djily Mbaye avait confiance dans le jugement de ce praticien expérimenté dont il disait : « Son diagnostic est tellement sûr qu'il est toujours conforme à celui des (médecins) français et américains. » Mais Djily Mbaye ajoutait : « J'ai le pressentiment de devoir quitter ce monde trois jours avant le début du prochain ramadan. »

D'ailleurs, Djily Mbaye servit le même discours à son médecin français de l'hôpital américain de Neuilly, à Paris, lequel se démenait pour le faire vivre plus longtemps, ainsi qu'à son fils aîné, Mame Cheikh.

Tout cela confirme que sa maladie l'avait affaibli physiquement, mais point moralement. C'est le sentiment de l'ambassadeur Moustapha Cissé à qui Djily Mbaye a dit à Paris : « Ma mission est terminée ! » Il était un de ses amis qui, très tôt, a apprécié le « courage », la « foi » et la « dignité » de celui qui décèdera quelques mois plus tard. C'est que l'ambassadeur, à qui Djily Mbaye fit découvrir, en 1983 déjà, les premières lignes de son projet de testament, avait compris que son ami ne craignait pas la mort que la plupart des gens n'osent même pas évoquer. Cette attitude face à la mort s'explique par la foi que ce bienfaiteur avait dans ce verset coranique : « Ceux qui, de nuit et de jour, en secret et ouvertement, dépensent leurs biens (dans les bonnes œuvres), ont leur salaire auprès de leur Seigneur. Ils n'ont rien à craindre et ils ne seront point affligés. » (Sourate 2, Verset 274).

Missionnaire conscient d'avoir bien rempli sa mission dans ce monde éphémère, Baye Djily ne pouvait que supporter stoïquement cette ultime épreuve sur terre.

Dernier acte dans les préparatifs de son départ, le malade fit part de son souhait de recevoir, avant de mourir, les prières d'un descendant de l'envoyé de Dieu. C'est ainsi que son ami Cheikh Ousmane Diagne, président du Conseil supérieur de la Khadrya pour l'Afrique, fit venir Chérif Adramé Aïdara de la Gambie à Louga, lequel gratifia le malade de prières.

Ses dernières volontés, il les confia, dans l'intimité de sa chambre, sur son lit de mort, peu avant l'instant fatal, à son frère Serigne Sam : « Tâche qu'on me mette sous terre juste après ma mort, car j'ai hâte de voir le paradis. » Avant d'ajouter : « J'ai déjà vu en songe trois des quatre califes du prophète. Il me reste l'un d'eux, car je dois les voir tous avant de mourir. » Quelque temps après, le grand homme quittait ce bas monde.

Un missionnaire d'une utilité incommensurable venait ainsi de quitter le monde temporel, laissant veuve toute une nation : riches et pauvres ; hommes politiques au pouvoir ou opposants ; musulmans ou chrétiens ; mourides, tidianes…

À son inhumation, à la mythique place où est enterrée sa mère Khary Samba Touré, décédée l'année précédente, une cinquantaine de personnes seulement (parents et amis proches) aura l'occasion d'assister à la prière mortuaire présidée par son cousin Serigne Mbacké Mbaye de Thiamène. Il dort à jamais avec, comme oreiller, une couverture de la sainte Kaaba que les autorités mecquoises lui avaient offerte, et, comme second habit, le boubou de Cheikh Ahmadou Bamba que ce dernier avait offert à Mame Cheikh Mbaye[105].

En effet, l'accablante nouvelle ne fut pas divulguée tôt, histoire d'éviter une marée humaine sur les lieux. Cela aurait perturbé l'enterrement que le défunt avait souhaité sobre et rapide. Dès la fin de cette cérémonie funèbre, la nouvelle se répandit comme une traînée de poudre.

Louga, la nouvelle orpheline, s'en émut, le pays et d'autres contrées plongèrent dans une profonde consternation. Le château fut pris d'assaut par une marée d'inconnus et de fidèles mêlés aux personnalités politiques, administratives, religieuses… Le président Abdou Diouf et son épouse seront parmi les premiers arrivés, de même que Dabakh, le calife de Tivaouane, ainsi que beaucoup d'autres personnes qui comptent au Sénégal et dans le monde.

La presse que le défunt fuyait de son vivant ne pouvait ignorer une telle perte pour le Sénégal et l'Afrique. Les organes ont dès lors rivalisé à qui donnerait le titre le plus parlant : « Le généreux milliardaire s'est éteint ! » ; « Le président perd l'un de ses émissaires les plus émérites ! » ; « Il est parti, le Calife ! » ; « Djily

[105] Ce vêtement pour le moins symbolique est celui que portait le guide des mourides durant son séjour au Gabon.

Mbaye meurt comme il a vécu » : « Le bienfaiteur s'est effondré » ;
« Touba pleure un être cher » ; « Mort de Djily Mbaye : Le lion de
Ndiambour[106] ». S'ensuivront, pendant des mois, des émissions
télévisées et radiodiffusées retraçant quelques étapes de la vie
exemplaire du milliardaire.

La grande famille griotte du Sénégal, que le défunt suppliait
de ne pas chanter ses louanges, ne pouvait pas ne pas immortaliser
à sa manière le départ sans retour de l'illustre bienfaiteur pour le
ciel. Kiné Lam, Ndèye Mbaye *Jiin ma-Jiin ma*, le couple Dialy et
Fatou Mbaye et le virtuose du « xalam », El Hadji Boucounta
Ndiaye, tentèrent d'immotaliser, par leur art, le sage de Bagdad.

Lors de la célébration du huitième jour, ce fut la grande
affluence à Louga. Tous les segments de la société sénégalaise ainsi
que les communautés étrangères vivant au Sénégal étaient
représentés. De partout, des délégations et des individualités
étaient venues pour rendre un dernier hommage à l'homme de
Bagdad et prier pour lui.

D'ailleurs, l'ampleur et le caractère solennel de la cérémonie
furent appréhendés par Dabakh comme une « réponse éloquente à
ceux qui, rares, seraient tentés de se demander qui était ce
bienfaiteur hors pair[107] ». Tout comme le calife de Tivaouane, son
porte-parole, Serigne Abdou Aziz Sy Al Ibn, eut à détailler, ailleurs,
ce qui forçait le respect et l'admiration chez Djily Mbaye : « Le décès
d'El Hadji Djily Mbaye est une grande perte pour le Sénégal et pour
l'ensemble des familles religieuses de ce pays, toutes confréries
confondues. Cet homme de grande vertu, de foi et de conviction,
de sagesse et d'humilité avait beaucoup d'égards pour toutes les
familles religieuses qu'il a toujours soutenues et aidées dans leur
mission de développement de l'Islam. Djily avait un culte
particulier pour l'amitié, la fidélité et le respect de son prochain. Sa
générosité légendaire, son humilité et sa probité morale lui ont

---

[106] Le premier titre est de *Sud-Hebdo* (n°129 du 21 mars 1991) alors que les autres
sont du *Soleil* (éditions du 15 mars (pages 1, 7, 8 et 9), 17 mars (page 11), 19 mars
(?), 21 mars (page 5) et 22 mars 1991 (page 9).
[107] « 8ᵉ jour du décès de El Hadji Djily Mbaye », *Le Soleil* du 22 mars 1991. p. 9.

permis de soulager bien des souffrances. Quelqu'un disait récemment que si Djily Mbaye n'existait pas, il aurait fallu le créer. Cet homme ne savait pas si bien dire, car il nous sera difficile d'avoir un homme comme Djily, un homme de foi et d'amour, de discrétion et d'humilité, un homme qui savait partager sans discernement. C'est vous dire à quel point la disparition de Djily constitue une grande perte pour l'ensemble du peuple sénégalais (…)[108]. »

D'autres témoignages révèleront d'autres pans de l'itinéraire d'un homme exceptionnel à tous points de vue. C'est le cas de celui du président de la Guinée Conakry, Lansana Conté qui a tenu à faire le déplacement à la tête d'une délégation composée de ministres et de diplomates. Il a révélé avoir toujours considéré le défunt comme « un Guinéen parmi les Guinéens (…) qui jouissait d'une réputation de travailleur acharné, honnête et serviable[109] ». Même son de cloche chez le président Houphouët-Boigny représenté par son Premier ministre, Alassane Ouattara, qui était à la tête d'une délégation forte de trente membres. Il confirmait de cette manière que tout le pays le pleurait en tant qu'« un ami de la Côte-d'Ivoire (…) qui était un jalon important dans l'axe de coopération Sénégal/Côte-d'Ivoire[110] ». À la suite des délégations « étrangères », d'autres se relaieront au micro, encore et encore…

Mais tous les mots du monde ne sauraient cerner toute la personnalité de Djily Mbaye. C'est tout le sens de l'allocution prononcée par son frère Serigne Sam Mbaye : « Certes vous connaissez Djily en tant que votre ami, mais nous le connaissons mieux que tout le monde en tant que ses parents. Cependant, nous tous, nous inclinerons devant son Créateur dont la connaissance de tous les éléments qui forment les mondes existants commence et se termine par Lui. »

---

[108] « Disparition de Djily Mbaye : Tivaouane : "Il savait partager" », *Le Soleil* du 15 mars 1991, p. 8.
[109] « 8e jour du décès de El Hadji Djily Mbaye », *Le Soleil* du 22 mars 1991. p. 9.
[110] *Ibid.*

Mansour Gaye

CONCLUSION

« Je suis un sauveur ; après moi, il en sera de même pour un orphelin issu de moi qui sera toujours sollicité, à toute génération et jusqu'à la fin des temps. » Ainsi prophétisait Mame Cheikh Mbaye dans un de ses poèmes. La vie et l'œuvre de son fils Djily Mbaye, que nous avons essayé de retracer objectivement dans ce présent ouvrage ne permettent pas de douter de la véracité de cette prophétie du saint homme.

Et pour cause, à l'intérieur comme à l'extérieur du Sénégal, Djily Mbaye s'est investi pour contribuer à l'épanouissement socioéconomique de ses contemporains. Certes, il a quitté ce bas monde trop tôt, pourrait-on dire, mais il a eu l'intelligence de faire des investissements qui lui ont survécu et dont nos contemporains récoltent encore les fruits.

Il en sera ainsi, pensons-nous, jusqu'au Jour du Jugement dernier. Ses choix judicieux reposaient, à n'en pas douter, sur la bonne connaissance qu'il a de la philosophie qui sous-tend l'Islam, cette religion qui accorde une place de choix à la charité.

Toutefois, si la charité *ponctuelle*, assimilable à une *opération coup de poing* est bonne, la charité *pérenne* est encore meilleure en ce qu'elle libère et anoblit le bénéficiaire tout en profitant de manière ininterrompue au donateur. Calmez une faim ou étanchez une soif, vous faites œuvre de charité *ponctuelle* ; mais creusez un puits, plantez un arbre, laissez à la postérité un enfant bien éduqué qui prie pour vous après votre mort, construisez une école ou quelque autre infrastructure dont l'utilité pour les hommes vous survivra, vous faites œuvre de charité *pérenne*.

Or, on ne compte plus les infrastructures d'utilité publique implantées par le sage marabout millionnaire. Il nous a laissé des écoles, des instituts islamiques, des mosquées, des industries, un hôpital…Et, un des signes de bénédiction de notre donateur, c'est que jusqu'à présent, chaque 27e jour du mois de Sha'bân (8e mois musulman), la famille Mbaye organise une séance de prières pour le repos de son âme.

Mais réduire l'héritage de Djily Mbaye à des réalisations matérielles, aussi utiles soient-elles, reviendrait à faire une lecture trop superficielle du grand livre de sa vie qu'il nous a laissé. En effet, ce que cet homme clairvoyant nous a légué de plus essentiel, c'est un ensemble de leçons de vie. Il nous appartient d'en tirer toutes les conséquences.

La première leçon à tirer de la vie de Djily Mbaye est que le savoir et le savoir-être doivent précéder l'avoir. Si, malgré son immense fortune, le sage de Bagdad a été un parangon, il le doit à ses parents qui lui ont inculqué une excellente éducation. Il le doit aussi à ses deux maîtres coraniques : Baye Mbaye Touré et Ahmed Sakhir Lô. C'est le viatique reçu de ces éducateurs émérites qui lui a certainement permis de faire le tour du monde, d'assimiler beaucoup d'autres cultures sans jamais être assimilé. C'est aussi ce viatique fait de courage, de persévérance, d'intégrité et d'humilité qui est à la base de sa brillante réussite aux plans économique et social.

La vie du milliardaire a été aussi une parfaite illustration de l'adage wolof « *Bay ci sa wewu tànk* », qui peut être lu comme l'équivalent de l'expression « balayer devant sa porte ». En effet, Djily Mbaye a commencé à faire le bien dans sa propre famille, puis dans sa ville natale, avant d'embrasser son pays, son continent et le monde. Cette leçon de patriotisme, Pape Saër Lô, fils de Fallou Lô, l'a bien saisie, comme le prouve ce témoignage qu'il fit sur l'homme : « Au-delà de sa personne qu'il a voulu garder modeste et accessible malgré ses immenses qualités, Baye Djily a voulu montrer aux Lougatois qu'ils devaient garder intact l'attachement

à leur terroir ; une caractéristique du Ndiambour-Ndiambour. Tout
- notamment ses affaires - lui imposait de rester dans ses douillettes
demeures dakaroises surtout celle qu'il aimait le plus : sa maison
de Ngor qui a pied sur l'Atlantique. Il a plutôt préféré venir redorer
un endroit quasiment désert. »

Ce sentiment est partagé aussi par des autorités locales
comme Aminata Mbengue Ndiaye. Dans son discours du 17
décembre 1998, lors de l'inauguration du boulevard Djily Mbaye
de Louga, l'édile de la ville a tenu à magnifier l'amour viscéral qui
liait le parrain à sa région, à son pays en général, par ces
mots : « Celui que nous évoquons aujourd'hui voulait que le
Sénégal soit le passage obligé du monde et, Louga, la capitale du
monde, par son accueil, sa beauté et ses raisons objectives d'être.
(...) Et il voulait que Louga ait des signes, des marques qui
l'honorent et la distinguent par des investissements (…). »

Ce témoignage confirme à suffisance que la responsabilité
citoyenne, telle que prônée par le président Kennedy des États-
Unis, a toujours nourri Djily Mbaye, ce self-made-man qui a tout
donné à son pays sans jamais se demander ce que l'État pouvait ou
devait faire pour lui. Au contraire, il s'est souvent substitué à l'État.
Une telle attitude du marabout milliardaire trouve sa source dans
la bonne compréhension qu'il a de l'Islam qui voit le patriotisme
comme consubstantiel à la vraie foi.

Son refus de la facilité est également à promouvoir. Chef
religieux initié aux choses mystiques, il a refusé de se contenter
d'être un rentier des "àddiya" (aumônes ou donations) que lui
offriraient les fidèles même si, sur sa carte de visite, figurait la
mention : marabout. En cela, il est le parfait émule du Sceau des
Prophètes qui dit en substance que celui qui, par son travail, nourrit
celui qui consacre sa vie exclusivement à l'adoration de Dieu, est
encore plus béni que ce dernier. Aussi, Djily Mbaye choisira-t-il de
vivre de sa sueur en se livrant au commerce, activité que son
modèle, le Prophète de l'Islam, eut également à exercer. C'est cette
volonté de vivre de sa sueur qui explique aussi l'attitude qu'il a eue

devant la mallette remplie d'argent que le président Houphouët-Boigny voulut lui offrir. S'il s'est abstenu de prendre cet argent facile, c'est parce qu'il comprenait bien que, comme dit Mariama Bâ, « l'appétit de vivre tue la dignité de vivre ». Dans nos sociétés actuelles, où de plus en plus « la fin justifie les moyens », cette leçon de vie mérite d'être méditée et retenue.

C'est cette « dignité de vivre » qui se lit à travers cette déclaration qu'il fit à son "fils" Babacar Touré : « ... Aucun Chef d'État de ce monde ne m'a jamais rien donné qui ne fût le produit de mon travail, tu peux être fier de ce père que tu as en face de toi, comme lui est fier du travail que vous abattez à *Sud-Hebdo*[111]. »

Dans l'évangile selon Mathieu, on peut lire : « Il est plus facile à un chameau de passer par le trou d'une aiguille qu'à un riche de rentrer dans le Royaume de Dieu. » Il est vrai qu'en règle générale, richesse et vertu ne font pas bon ménage. La vie du sage milliardaire nous apprend qu'être riche et vertueux est certes difficile, mais pas impossible. Djily Mbaye a réussi à concilier richesse et humilité, ayant compris que seul Dieu, le Pourvoyeur, est grand, que tous les hommes sont d'égale dignité devant Lui et que le meilleur d'entre eux est le plus croyant et le plus utile aux autres. Ainsi, sa fortune n'altéra nullement sa foi en Dieu. Bien au contraire : convaincu que, selon les enseignements de l'Islam, la richesse est plus une épreuve qu'un instrument de jouissance, il utilisa la sienne à bon escient pour rendre grâce à son Pourvoyeur, contrairement aux fortunés qui manifestent leur pouvoir par la vanité ou l'outrecuidance, le m'as-tu-vu ou les frasques, le gaspillage ou l'arrogance, oubliant cette mise en garde du Coran : « *Prenez garde ! Vraiment l'homme devient rebelle, dès qu'il estime qu'il peut se suffire à lui-même à cause de sa richesse* » (*Sourate 96, Versets 6 et 7*).

Pour tout dire, ce sage milliardaire répond parfaitement à la description que le Coran donne de l'homme pieux : « La piété ne

---

[111] « Il est parti, le Calife ! » de Babacar Touré. *Sud-Hebdo* n° 149 du 21 mars 1991. P. 7.

consiste point en ce que vous tourniez vos visages vers le Levant ou le Couchant. Vertueux sont ceux qui croient en Dieu et au jour dernier, aux Anges, au Livre et aux prophètes, qui donnent pour l'amour de Dieu des secours à leurs proches, aux orphelins, aux nécessiteux, aux voyageurs indigents et à ceux qui demandent l'aide, et pour délier les jougs, qui observent la prière, qui font l'aumône. Et ceux qui remplissent les engagements qu'ils contractent se montrent patients dans l'adversité, dans les temps durs et dans les temps de violences. Ceux-là sont justes et craignent le Seigneur. » (Verset 177 de la sourate 2)

C'est peut-être pour avoir saisi la quintessence de ce verset que Djily Mbaye est un humaniste au sens plénier du terme. En effet, dans ses relations avec autrui, il ne s'arrête pas sur ce qui différencie les hommes. Il a des amis dans toutes les confréries, toutes les confessions, à travers tout le pays, l'Afrique et le monde. Et c'est surtout cet humanisme qui a toujours guidé son action, orientée vers le développement intégral de l'Homme. Il a investi dans les hôpitaux pour assurer à l'homme la santé du **corps**, dans les écoles, pour cultiver l'**esprit** humain et dans les lieux de culte pour sauver des **âmes**. Il avait tôt compris que la ressource la plus importante, fondement de tout développement qui se veut durable, est la ressource humaine. Et, il n'est pas exagéré de dire que quatre citoyens comme Djily Mbaye suffiraient pour faire du Sénégal un pays émergent.

Enfin, les jeunes du Sénégal, de l'Afrique et du monde gagneraient à réfléchir sur l'itinéraire de cet entrepreneur sans diplômes qui a eu le génie de créer un empire et d'employer tant de diplômés des universités les plus prestigieuses du monde.

Le riche parcours de l'homme multidimensionnel qu'était El Hadji Djily Mbaye peut et doit servir de viatique à toute personne désireuse de hisser son terroir dans le peloton des localités émergentes.

El Hadji Djily Mbaye ne vivait pas seulement pour sa famille. Il tenait, toute sa vie durant, à servir ses concitoyens à travers d'importantes réalisations dont certaines résistent encore à l'usure du temps. Il s'y ajoute qu'en bon citoyen doublé d'un grand visionnaire, le marabout milliardaire avait commencé à dérouler un vaste programme de développement dont la mise en œuvre était dévolue à l'État du Sénégal et qui devait contribuer à relancer la vie économique de la région de Louga. L'Ange de la mort en a décidé autrement.

C'est la raison pour laquelle la préservation de son colossal legs, loin d'être du seul ressort de sa famille biologique, doit être l'affaire de toutes les composantes de la nation sénégalaise, a fortiori les Lougatois qui ont le plus bénéficié de sa générosité.

Ce serait un véritable manque de reconnaissance si la nation ne lui rendait pas un hommage digne de son rang et de son mérite, qui irait au-delà de l'érection d'un simple monument ou de l'immortalisation de son nom par une rue ou un édifice public. Ce serait même un reniement que de dévier du chemin que ce grand patriote avait déjà tracé pour sa terre natale.

Les Lougatois doivent, en signe de reconnaissance, consacrer plus de temps, fournir plus d'efforts et de moyens à leur terroir afin de faire de Louga la ville prospère que Baye Djily Mbaye voulait qu'elle fût.

C'est en cela qu'il nous semble utile d'interpeller l'État du Sénégal, les élus locaux et autres acteurs de développements, à travailler à la réalisation des projets inachevés de celui que les Lougatois considèrent comme leur bienfaiteur.

À Louga par exemple, la relance de la SOTEXKA doit être une priorité des élus locaux. La SERPA (périmètre maraicher de 123 hectares) pourrait être, avec le concours du ministère de l'agriculture, transformée en Domaine agricole communautaire (DAC).

POSTFACE

El Haj Djily Mbaye, le pèlerin

Il est des hommes qui peuvent seulement disparaître, mais qui, jamais ne mourront. El Haj Djily Mbaye est de ceux-là. Tout, chez lui, se conjugue au présent perpétuel. Comme par prédestination, un chiffre tout aussi mystique que symbolique lui colle à la peau : le chiffre 5. Il faut cinq lettres pour écrire *Elhaj*. Il en faut autant pour écrire *Djily* et autant pour écrire *Mbaye*. Il faut enfin cinq lettres pour écrire le nom de sa ville natale : *Louga*.

Ce chiffre 5 correspond aux 5 prières, comme pour dire la piété de l'homme ; aux Ûlul ʻazmi[112] et au groupe que constituent le sceau des prophètes et ses quatre compagnons, comme pour dire son attachement à la Voie indiquée pas ces saints ; aux 5 doigts de la main, comme pour dire sa légendaire générosité ; enfin au nombre de lettres qu'il faut pour écrire « MERCI », pour dire la reconnaissance qu'au Sénégal et au-delà, on doit à cet homme qui se veut l'héritier de l'illustre pèlerin Kanka Moussa distribuant cadeaux et présents le long du chemin menant au Hidiaz. Le père de Moussa Mbaye, homme grand, recèle tous les caractères d'un grand homme, tel le Prophète Moussa avec son bâton mythique, non de berger mais de pèlerin.

La beauté intérieure de cet être d'élection déborde et déteint sur le physique : teint éclatant, regard vif et magnétique, voix chaude et musicale, bras altiers exaltés par des mains fermes. Toujours de blanc vêtu, il porte beau. Perfectionniste, il a le souci du détail illustré par le respect de l'harmonie vestimentaire et le

---

[112] Le top 5 des prophètes, du point de vue de l'Islam : Abraham, Moise, Noé, Jésus, Muhammad.

raffinement des tissus de ses costumes, grands boubous, caftans et djellabas.

Raffiné et de goût, il aime et sait apprécier les bonnes choses. Les salons, tableaux et autres décorations qui auréolent son environnement familial dans ses somptueux domiciles sont d'une élégance immaculée et d'une sobriété propre aux gentlemen londoniens. Cette ouverture à la modernité ne l'a jamais empêché de vivre une vraie et profonde foi en Dieu grâce à l'éducation reçue au sein d'une famille qui vit dans et par l'Islam. En effet, pour qui comprend bien l'Islam, le goût du bien et du beau que ce guide religieux a toujours montré est en fait forme d'adoration. Dieu est toute Bonté, dit-on souvent. Ce que l'on dit moins souvent et qui n'en est pas moins vrai, c'est que Dieu est toute Beauté.

Amoureux du beau et de l'harmonie, Baye Djily est aussi homme de synthèse. Sa tendre enfance s'est construite dans le cosmopolitisme de Louga qui l'a couvé entre les milieux *haal pulaar*, maure et wolof. D'avoir baigné dans ce milieu marqué par la diversité culturelle et linguistique, a fait du marabout et homme d'affaires un être ouvert ayant tissé des relations étroites avec tous les califes généraux des confréries sénégalaises. Dans son palais, il a accueilli califes généraux, hommes d'église et chefs d'État musulmans comme chrétiens.

Au plan social, ce pèlerin, toujours à l'écoute des préoccupations et attentes des humains a parsemé son sillage de bonnes actions. Richissime, il a, toute sa vie durant, œuvré pour aider, au sens vrai du terme de *donner sans rien attendre en retour* sauf la joie d'Allah, les plus proches (amis et parents), les plus démunis et les plus nécessiteux, souvent des inconnus. Est gravée dans toutes les mémoires des Lougatois, la distribution annuelle des billets de banque qu'il assurait lui-même au lendemain de chaque Mawlid.

Le fait est que ce qui intéresse l'homme Djily Mbaye au premier chef, c'est l'Homme. Baye Djily est un humaniste. C'est ce qu'a bien compris l'auteur de ce livre quand il écrit : « Il a investi dans les hôpitaux pour assurer à l'homme la santé du corps, dans les écoles, pour cultiver l'esprit humain et dans les lieux de culte pour sauver des âmes ».

Avec cet ouvrage du jeune, vaillant, perspicace et tenace Mansour Gaye, un coin de voile se lève sur la vie et l'œuvre de cet homme multidimensionnel qui a écrit son nom en lettres d'or dans les annales de l'histoire du Sénégal, de l'Histoire tout court. C'est à juste titre que l'auteur de ce joyau écrit : « Toute notre enfance et adolescence a été bercée par la saga de ce sage milliardaire. Dans la mémoire collective de ma génération comme dans son environnement immédiat, l'empreinte de cet élu du Destin était omniprésente, indélébile ».

Tout ceci montre, selon la belle formule d'Henri Bergson, qu'Elhaj Djily Mbaye est un « créateur d'émotions ». À coup sûr, le lecteur qui finit de parcourir ce joyau consacré à cet homme dont la vie fut un beau bouquet de belles actions ne dira pas le contraire.

Mouhamadou Mounirou SY
Enseignant-chercheur à l'université de Thiès

Mansour Gaye

ANNEXES

Annexe n°1 : Extrait du poème de Serigne Mbacké Mbaye

Seex Jiili*

Jërëjëf yaw Seex Jiili
Yàlla na la Yàlla may badootoo jeexle !
Foo jubluYàlla na fa jàmm jublu!
Te Yàlla aar la !
Bula dara dal !
Ku ñëw nga fat ko
Ku laaj nga jox ko
Sa ñaan moo gën ay "dolaar"
Ku la xam di la siyaare
Tabe nga
Yaay "doktoor u" soxlay jullit yi
Sopp la war na ñëpp
Jaam bu la topp dal di raw ay maas am
Boroom barke nga
Loo ñaan Yàlla def na loola
Soxla du ñëw ci yaw di jaarati feneen
Sagal nga lislaam
Taxawal nga ay jàkka
Tabax nga ay jumaa
Te aji nga Màkka
Ajal nga say mbokk ak ay jaambur

Jërëjëfati Jiili Mbay.

Cheikh Djily

Merci à vous, Cheikh Djily
Que Dieu vous accorde infiniment Ses grâces !
Que la paix vous accompagne partout où vous allez !
Que Dieu vous protège de tout mal !
Qu'aucun malheur ne vous arrive !
Vous accueillez tout le monde
Vous satisfaites toute demande
Vos prières sont meilleures que des dollars
Qui vous connaît vous respecte
Vous êtes généreux
Vous êtes le docteur des besoins des musulmans
Il est du devoir de chacun de vous aimer
Qui vous suit devancera ses camarades
Vous avez le don de Dieu
Tous vos vœux sont exaucés
Un besoin ne passe jamais par vous pour aller ailleurs
Vous avez honoré l'Islam
Vous avez bâti des mosquées
Construit de plus grandes encore
En outre vous êtes allé à La Mecque
Vous avez aidé vos parents et des personnes anonymes à faire
autant
Merci encore une fois Djily Mbaye.

* **Traduction de Momar Cissé dans son livre** *Parole chantée et communication sociale chez les Wolof du Sénégal*, Paris, L'Harmattan, 2009, p. 274.

Annexe n°2 : Famille Gondiokh

Famille Gondiokh

Mbassaghane Diouf

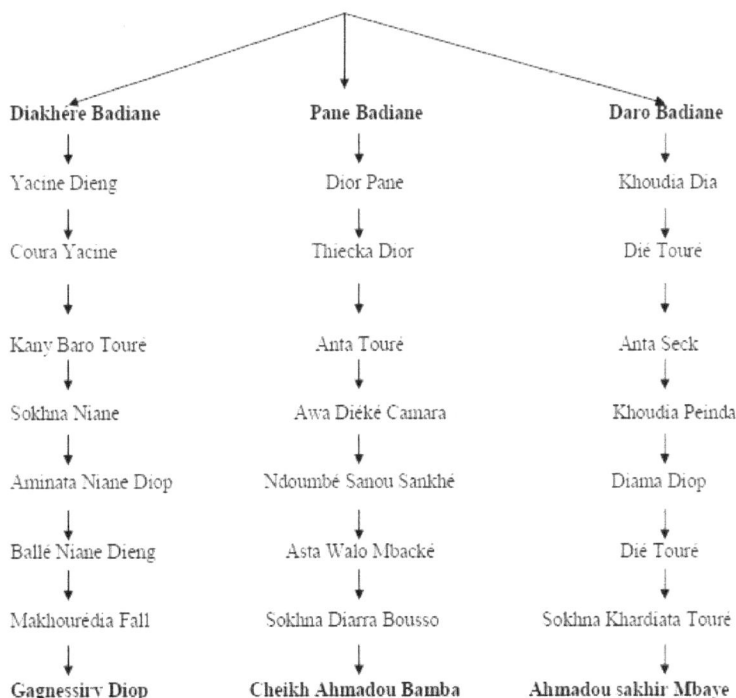

Diakhère Badiane	Pane Badiane	Daro Badiane
Yacine Dieng	Dior Pane	Khoudia Dia
Coura Yacine	Thiecka Dior	Dié Touré
Kany Baro Touré	Anta Touré	Anta Seck
Sokhna Niane	Awa Diéké Camara	Khoudia Peinda
Aminata Niane Diop	Ndoumbé Sanou Sankhé	Diama Diop
Ballé Niane Dieng	Asta Walo Mbacké	Dié Touré
Makhourédia Fall	Sokhna Diarra Bousso	Sokhna Khardiata Touré
Gagnessiry Diop	**Cheikh Ahmadou Bamba**	**Ahmadou sakhir Mbaye**

Annexe n°3 : Lignée paternelle de Khary Samba Touré

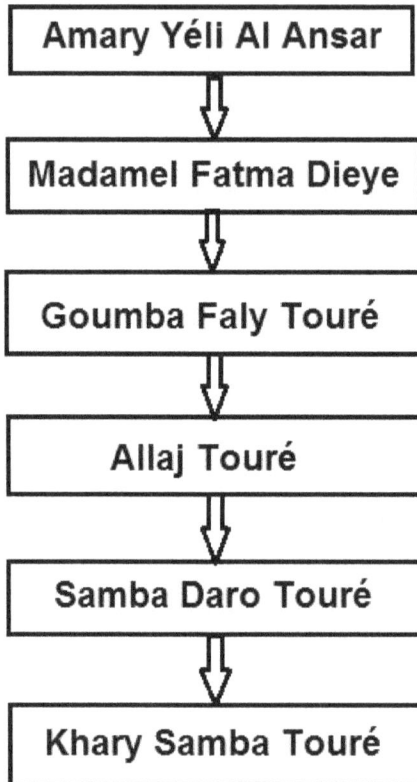

Amary Yéli Al Ansar

↓

Madamel Fatma Dieye

↓

Goumba Faly Touré

↓

Allaj Touré

↓

Samba Daro Touré

↓

Khary Samba Touré

Annexe n°4 : Liens de parenté entre Djily Mbaye et son épouse Aminata Sourang

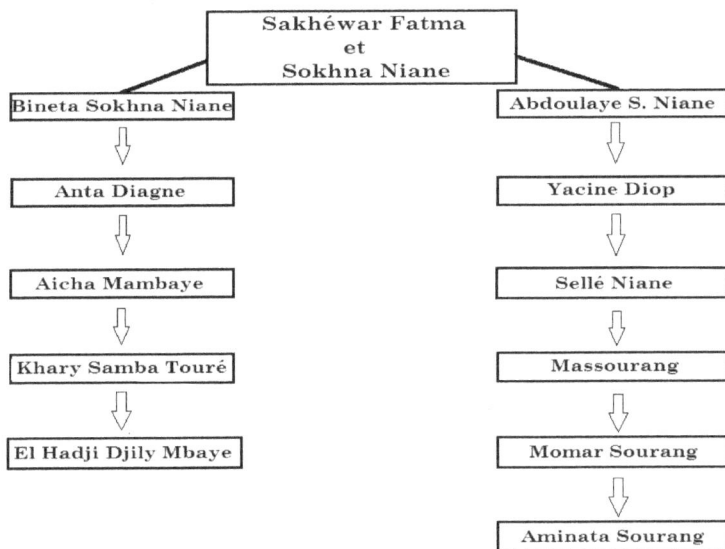

```
                    ┌─────────────────────┐
                    │  Sakhéwar Fatma     │
                    │        et           │
                    │  Sokhna Niane       │
                    └─────────────────────┘
              ┌───────────┘             └───────────┐
   ┌──────────────────────┐          ┌──────────────────────┐
   │ Bineta Sokhna Niane  │          │ Abdoulaye S. Niane   │
   └──────────────────────┘          └──────────────────────┘
              ⇓                                  ⇓
   ┌──────────────────────┐          ┌──────────────────────┐
   │    Anta Diagne       │          │    Yacine Diop       │
   └──────────────────────┘          └──────────────────────┘
              ⇓                                  ⇓
   ┌──────────────────────┐          ┌──────────────────────┐
   │   Aicha Mambaye      │          │    Sellé Niane       │
   └──────────────────────┘          └──────────────────────┘
              ⇓                                  ⇓
   ┌──────────────────────┐          ┌──────────────────────┐
   │  Khary Samba Touré   │          │    Massourang        │
   └──────────────────────┘          └──────────────────────┘
              ⇓                                  ⇓
   ┌──────────────────────┐          ┌──────────────────────┐
   │ El Hadji Djily Mbaye │          │   Momar Sourang      │
   └──────────────────────┘          └──────────────────────┘
                                                 ⇓
                                     ┌──────────────────────┐
                                     │  Aminata Sourang     │
                                     └──────────────────────┘
```

Annexe n°5 : Liens de parenté entre Djily Mbaye et son épouse Ndeye Katy Diop

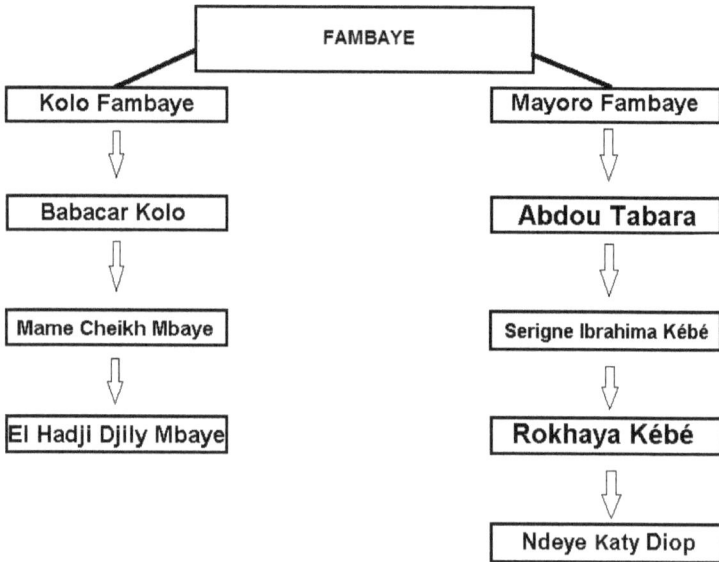

```
                        ┌─────────────────────────┐
                        │        FAMBAYE          │
                        └─────────────────────────┘
                       /                            \
        ┌──────────────────┐              ┌──────────────────┐
        │   Kolo Fambaye   │              │  Mayoro Fambaye  │
        └──────────────────┘              └──────────────────┘
                 ⇩                                 ⇩
        ┌──────────────────┐              ┌──────────────────┐
        │   Babacar Kolo   │              │   Abdou Tabara   │
        └──────────────────┘              └──────────────────┘
                 ⇩                                 ⇩
        ┌──────────────────┐              ┌──────────────────────┐
        │ Mame Cheikh Mbaye│              │ Serigne Ibrahima Kébé│
        └──────────────────┘              └──────────────────────┘
                 ⇩                                 ⇩
        ┌────────────────────┐            ┌──────────────────┐
        │ El Hadji Djily Mbaye│           │   Rokhaya Kébé   │
        └────────────────────┘            └──────────────────┘
                                                   ⇩
                                          ┌──────────────────┐
                                          │ Ndeye Katy Diop  │
                                          └──────────────────┘
```

ALBUM PHOTOS

Quelques facettes de la vie de El Hadji Djily Mbaye en images

Djily Mbaye, tout sourire lors de son dernier Gamou en 1990

Djily Mbaye en avion, son éternel sourire sur les lèvres

Djily Mbaye symbole d'élégance et de bien-être

Djily Mbaye, un marabout qui ne dédaigne pas les tenues européennes

**Le milliardaire dans une posture respectueuse devant Dabakh,
le calife de Tivaouane**

Djily Mbaye devant le calife des mourides Abdoul Ahad Mbacké

Les deux milliardaires, Djily Mbaye et Ndiouga Kébé, s'inclinant devant Serigne Abdoul Ahad Mbacké

Djily Mbaye avec Omar Bongo et Serigne Abass Sall

Djily Mbaye, adolescent

Serigne Abdoul Ahad (y) avec Djily Mbaye (x) encore

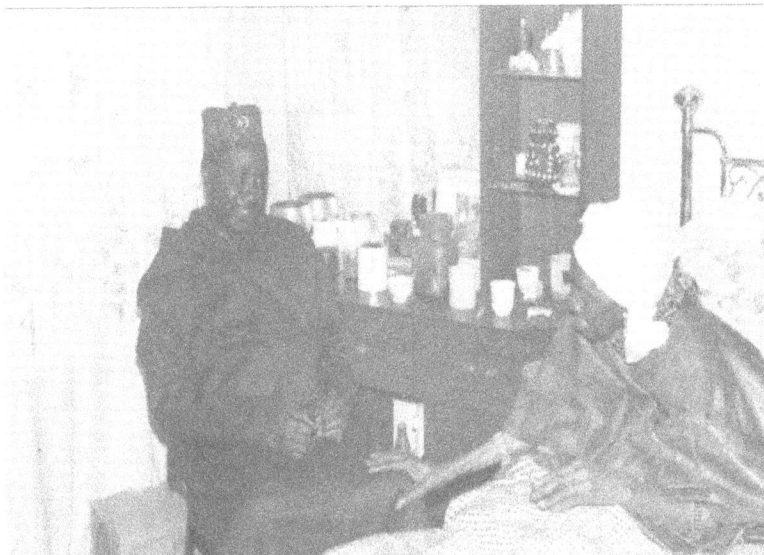

L'affection renouvelée de sa mère Khary Samba Touré au fils aimant

Djily Mbaye et sa mère

Djily Mbaye s'inclinant devant son grand frère Serigne Sam Mbaye...

... malgré leur proximité

Djily Mbaye, son frère Serigne Ibra Mbaye et Houphouët-Boigny, en visite à Louga.

Djily Mbaye en compagnie de feue Ndèye Katy Diop, sa première épouse

Le milliardaire avec feue Aminata Sourang, sa deuxième épouse

Djily Mbaye en compagnie de Ndèye Sokhna Camara, sa troisième épouse

Le jet privé de Djily Mbaye, le fameux Grumman II

Les présidents Denis Sassou Nguesso et Abdou Diouf reçus au château de Louga par Djily Mbaye

Djily Mbaye reçu par Léopold Sédar Senghor au palais de la République du Sénégal

L'homme d'affaires lougatois en discussion avec son ami le
président Houphouët-Boigny

Mobutu Sese Seko reçu au château de Louga

**Djily Mbaye et son épouse Aminata Sourang recevant le couple
Bongo dans un des fastueux salons du château de Louga**

Djily Mbaye en grande conversation avec Bongo

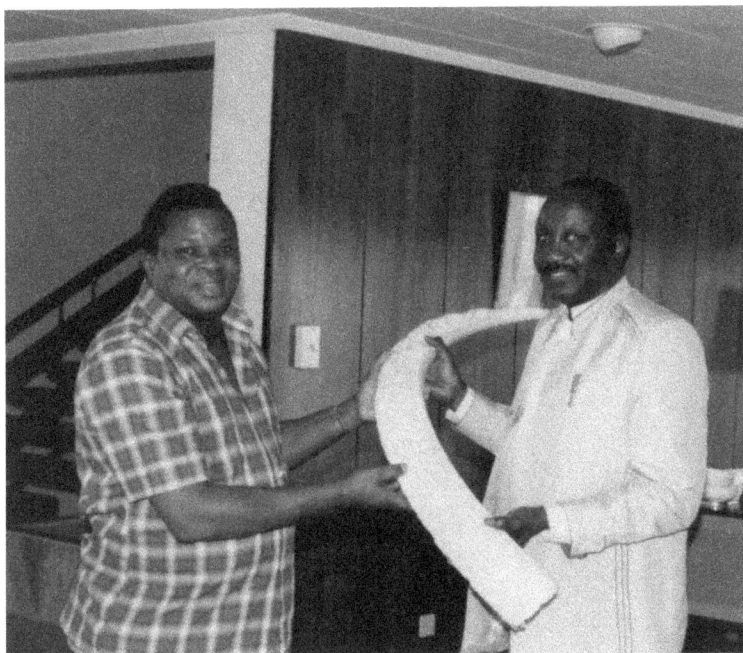

Le cadeau somptueux de Joseph Momoh de Sierra Leone à Djily Mbaye

Djily Mbaye en compagnie de Son Altesse le roi Fahd d'Arabie Saoudite

Djily Mbaye et Ndiouga Kébé devant le palais de Bagdad

Mansour Gaye

QUELQUES IMAGES DU CÉLÈBRE CHÂTEAU DJILY MBAYE À LOUGA

Le portail principal des deux palais

Le portail d'entrée du petit palais, imitation de la Place Stanislas

La façade marbrée du petit palais

La façade marbrée du grand palais

Un des jardins du château

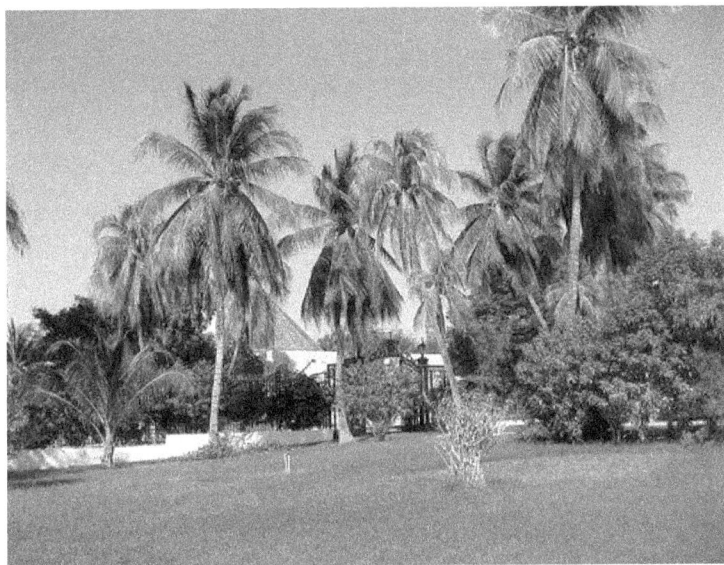

Un autre jardin du château

La façade du grand palais

Le mausolée d'El Hadji Djily Mbaye

QUELQUES VUES DE L'INTÉRIEUR DU PALAIS

QUELQUES-UNES DES RÉALISATIONS DU MILLIARDAIRE À LOUGA

La Gouvernance de Louga

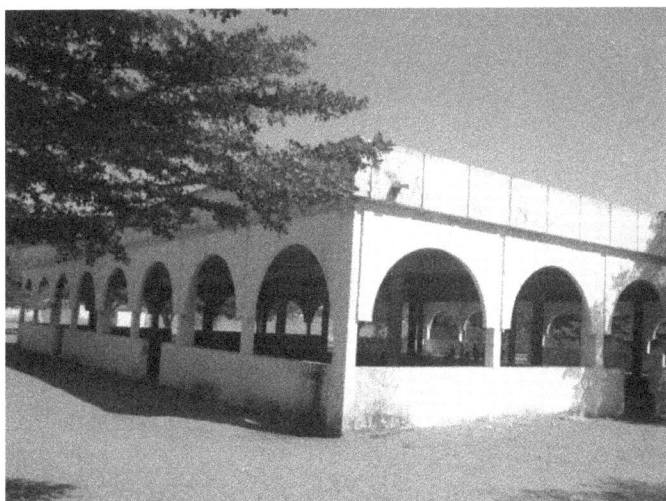

L'espace de manifestation de « Kër Mohamed »

REPUBLIQUE DU SENEGAL

MINISTÈRE DE LA SANTE PUBLIQUE

CET HOPITAL A ETE INAUGURE LE 3 AVRIL 1982 PAR SON EXCELLENCE

MONSIEUR ABDOU DIOUF

PRESIDENT DE LA REPUBLIQUE

IL A ETE REALISE GRACE A UN DON DE MONSIEUR

EL HADJI DJILY MBAYE

Plaque d'inauguration en marbre de l'hôpital régional de Louga

Devanture de la Direction de l'hôpital

Le monument « Baabu Salaam », à l'entrée de la ville

La mosquée Fahd des HLM Ndiambour, comprenant un espace de prière, une bibliothèque, une salle de conférence, des appartements.

Mosquée El Hadji Djily MBAYE - Ndiambour - Louga

L'intérieur du lycée Malick Sall de Louga

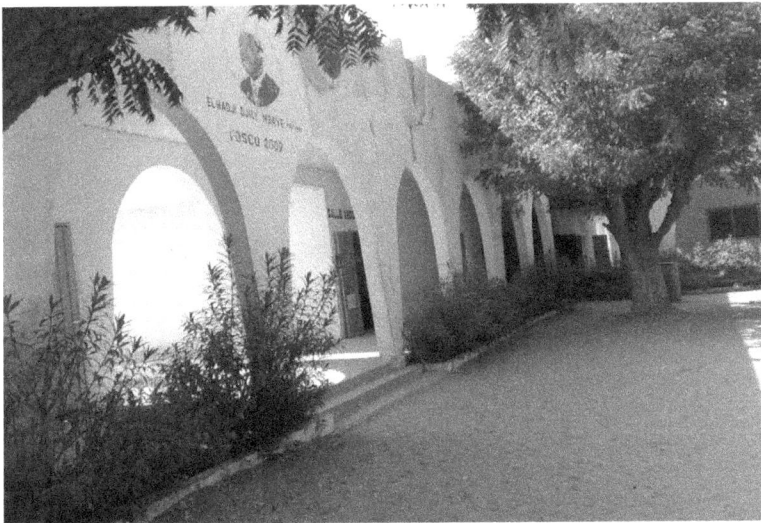

Une des cours du lycée

Une des villas grand standing des HLM Bagdad

QUELQUES RÉALISATIONS À DAKAR

Immeuble des Allumettes

Immeuble « Fondation Fahd »

Immeuble Fayçal

DEUX IMAGES QUI PARLENT D'ELLES-MÊMES

TABLE DES MATIERES

Mansour Gaye

Disponible sur www.editions-afrikana.com,

sur www.amazon.com et sur de nombreux autres points de vente.

Montréal - Août 2018.

www.ingramcontent.com/pod-product-compliance
Lightning Source LLC
Chambersburg PA
CBHW032056080426
42733CB00006B/295